Keltische Märchen aus Schottland

Keltische Märchen aus Schottland

Übertragen von Ursula Clemen
nach berühmten schottischen
Märchensammlungen

Mit 14 Illustrationen
von Aubrey Beardsley

Albatros

Bibliographische Information der Deutschen Nationalbibliothek
Die Deutsche Nationalbibliothek verzeichnet diese Publikation
in der Deutschen Nationalbibliographie;
detaillierte bibliographische Daten sind im Internet
über http://dnb.d-nb.de abrufbar.

Umschlaggestaltung: butenschoendesign.de
Umschlagmotiv: Grimshaw, John Atkinson, »Spirit of the Night«
(Nachtgeist), 1879, © Sotheby's/akg-images
Printed in Czech Republic
ISBN 978-3-491-96223-1
www.patmos.de

Inhalt

Meerfrauen und Zauberschwerter

Schwänke und Schelmenstreiche

Unter dem Elfenhügel

Das Lied der Elfen

Schottland war vorzeiten berühmt wegen seiner Elfenhügel. Ich weiß nicht, wo die heutzutage geblieben sind. Kein einziger ist mehr zu finden.

Aber sie waren einmal da, die Elfen, tanzten um ihre Hügel und sagten dazu: »Montag und Dienstag.« Das waren nämlich die Wochentage, die sie kannten. Einst ging ein alter Mann dort vorbei, und er ging sehr gebückt, und er sagte: »Mittwoch.«

»Montag, Dienstag und Mittwoch«, sagten sie, »Montag, Dienstag und Mittwoch.«

»Oh«, sagte eine von ihnen, »geh doch und nimm ihm den Buckel ab und leg ihn auf die Wiese!« Und so kam er mit geradem Rücken nach Hause. Da begegnete ihm ein anderer Mann.

»Nun, mein Alter!« sagte er, »wie hast du es nur fertiggebracht, deinen Buckel loszuwerden?«

Er erzählte ihm, wie er ›Montag, Dienstag und Mittwoch‹ gesagt hätte. »Geh nur zu dem Hügel dort drüben«, sagte er, »und fang gleich an, ›Montag, Dienstag, Mittwoch‹ zu sagen.«

So ging dieser Mann also auch zu dem Hügel, und er fing an, laut zu schreien ›Montag, Dienstag, Mittwoch‹ und dann fügte er noch ›Donnerstag‹ hinzu.

»Oh«, sagten die Elfen, »er hat uns die ganze Melodie verdorben! Geh hinaus und setze ihm den Buckel, der auf der Wiese liegt, noch zu seinem dazu auf den Rücken.«

So bekam der Mann zwei Buckel.

Habetrot, die am Spinnrad saß

In Selkirkshire hatte eine Frau eine sehr schöne Tochter, die mehr Gefallen am Spiel als an der Arbeit fand und lieber in Feld und Wald spazierenging, als am Spinnrad saß. Die Mutter war sehr ungehalten darüber, denn kein Mädchen hatte damals Aussicht auf einen ansehnlichen Ehemann, wenn sie nicht eine fleißige Spinnerin war; so redete sie ihrer Tochter gut zu, drohte ihr, ja schlug sie sogar, aber alles ohne Erfolg.

Schließlich gab die gute Frau ihrer Tochter an einem schönen Frühlingsmorgen sieben Bund Flachs und sagte, diesmal nähme sie keine Entschuldigung an. Sie müßten in drei Tagen zu Garn versponnen sein. Das Mädchen sah, daß es ihrer Mutter ernst war, so setzte sie ihr Spinnrad in Gang, so gut sie konnte; aber sie hatte kein Geschick, und am Abend des zweiten Tages war nur ein ganz kleiner Teil der Aufgabe erfüllt. Sie weinte sich in den Schlaf und warf am Morgen voller Verzweiflung den ganzen Flachs in die Ecke und lief hinaus auf die Wiesen, die vom frischen Tau funkelten. Schließlich kam sie zu einem grünen Hügel, an dem ein Bach vorbeilief, beschattet von Waldreben und Heckenrosen, und da warf sie sich auf den Boden und begrub ihr Gesicht in den Händen.

Als sie wieder aufschaute, sah sie zu ihrer größten Überraschung am Bachufer ein altes Weiblein sitzen, das ihr gänzlich unbekannt war. Es drehte fleißig den Faden, wie es so da saß, und sonnte sich, und es war nichts Besonderes an ihr zu bemerken, nur daß sie sehr lange und dicke Lippen hatte; doch sie saß auf einem vom Wasser ausgehöhlten Stein.

Das Mädchen stand auf, ging zu der guten Dame hin und begrüßte sie auf das freundlichste; doch konnte sie sich nicht enthalten zu fragen, wovon sie so lange Lippen habe.

»Vom Fadenspinnen, mein Schätzchen«, sagte die Alte erfreut über den freundlichen Gruß und keineswegs gekränkt wegen der Frage.

»Ach«, sagte das Mädchen, »ich sollte auch eine Menge spinnen, aber es hat keinen Zweck. Ich werde nie fertigbringen, was mir aufgetragen ist.«

Die alte Frau bot sich an, ihr den ganzen Flachs zu spinnen, und das Mädchen war überglücklich. Sie lief heim und holte ihren Flachs, legte ihn in die Hand ihrer neuen Freundin, fragte um ihren Namen und wollte wissen, wo sie am Abend das Garn abholen könne. Aber sie bekam keine Antwort. Die alte Frau war mit einem Male zwischen den Bäumen und Büschen verschwunden. Ganz verwundert ging das Mädchen hierhin und dorthin und suchte nach ihr, dann setzte sie sich zum Ausruhen hin, und sie schlief auf dem Hügel ein.

Als sie erwachte, war es Abend. Das Rot des Sonnenuntergangs verblaßte schon, der Abendstern goß sein Silberlicht herab, und der Mond ging auf. Als das Mädchen um sich schaute, schrak es mit einem Mal zusammen, denn es vernahm den Klang einer rauhen Stimme, die aus einem ausgehöhlten Stein neben ihr herzukommen schien. Als sie ihr Ohr an den Stein legte, hörte sie deutlich die Worte: »Wie wenig weiß die junge Maid, daß Habetrot mein Name ist.«

Als sie nun in die Öffnung des Steins hineinsah, erblickte sie ihre Freundin, das alte Weiblein, wie es tief unten in einer Höhle vor- und zurückschritt in einer Gruppe von Spinnerinnen, die alle auf großen weißen Bachkieseln saßen und fleißig Spindel und Rocken handhabten. Eine wenig ansprechende Gesellschaft waren sie übrigens mit ihren vom Ausziehen des Fadens verunstalteten Lippen, wie sie ja auch Habetrot hatte. Eine von ihnen saß in einem Winkel für sich allein und wand das Garn auf, und diese hatte nun außer den lang herunterhängenden Lippen auch noch weit aus dem Kopf hervorstehende graue Augen und eine lange Hakennase. Habetrot redete sie als Scantlie Mab an und befahl ihr, das Garn zu bündeln, denn es war Zeit, daß das junge Mädchen es ihrer Mutter geben sollte.

Gleich darauf erschien Habetrot oben bei dem Mädchen und legte ihr das Garn in die Hände.

»Oh, was kann ich zum Dank dafür tun?« rief sie voller Entzücken.

»Gar nichts – gar nichts«, erwiderte sie, »nur sage deiner Mutter nicht, wer das Garn gesponnen hat.«

Also ging das Mädchen voller Freude heim und fand, daß ihre Mutter eine Menge Blutwürste gemacht und sie im Rauchfang zum Trocknen aufgehängt hatte. Von Müdigkeit überwältigt, war sie dann zu Bett gegangen. Da das Mädchen nun sehr hungrig war von dem langen Tag, nahm es eine Wurst nach der andern herunter, briet sie in der Pfanne und aß sie und ging schließlich auch zu Bett.

Am andern Morgen war die Mutter zuerst auf, und als sie in die Küche kam und sah, daß ihre Würste alle weg waren und die sieben Gewinde Garn glatt und sauber gesponnen auf dem Tisch lagen, war sie zur Hälfte ärgerlich und zur Hälfte erfreut. In ihrer Aufregung lief sie aus dem Hause, laut rufend:

Meine Tochter hat sieben, sieben, sieben gesponnen,
Meine Tochter hat sieben, sieben, sieben gegessen,
Und alles vor Tagesanbruch!

Ein vornehmer Herr, der in der Nähe vorbeiritt, hörte sie, konnte aber die Worte nicht verstehen. So hielt er an und fragte, was geschehen sei. Und wieder brach die gute Frau in Worte aus:

Meine Tochter hat sieben, sieben, sieben gesponnen,
Meine Tochter hat sieben, sieben, sieben gegessen,

vor Tagesanbruch; und wenn Ihr mir nicht glauben wollt, so kommt und seht nur selbst.

Die Neugierde des Edelmanns war nun angestachelt. Er stieg vom Pferd, ging mit in die Hütte und fand das Garn so wunderbar, daß er die Spinnerin zu sehen verlangte.

Die Mutter zog das errötende Mädchen in die Stube, und ihre Schönheit gewann sogleich sein Herz. Er sagte, er sei recht einsam ohne ein Weib und er habe schon lange nach einer Ausschau gehalten, die eine gute Spinnerin wäre. So wurde das Verlöbnis vollzogen und die Hochzeit gefeiert, obwohl das Mädchen ihre Befürchtungen hatte, sie könne sich vielleicht nicht so flink und geschickt am Spinnrad erweisen, wie ihr Gemahl es erwartete.

Aber wiederum kam ihr die alte Habetrot zu Hilfe. »Bring nur deinen wackeren Gemahl in meine Höhle«, sagte sie zu der jungen Frau, »da soll er sehen, was für Folgen das Spinnen hat, und dann wird es ihm vergehen, dich ans Spinnrad zu fesseln.« Sie führte also ihren Mann zu dem grünen Hügel und ließ ihn durch das Loch im Stein schauen. Groß war seine Überraschung, als er unten in der Höhle Habetrot sah, wie sie tanzte und über ihren Rocken sprang und der Schwesternschar dieses Liedchen sang, wozu alle mit den Spindeln den Takt schlugen:

Wir, die Finsternis bedeckt,
Sind schlecht und häßlich anzusehn,
Vor der Sonne Glanz versteckt,
Die vom Himmel strahlt so schön.
All unsere Abende allein
Verbringen wir auf dem Kieselstein.

Freudlos und grau der Abend ist,
Wenn Causleen versunken ist,
Doch immer hell und immer schön
Sind die, die atmend oben gehn,
Sich beugen auf den gehöhlten Stein,
Von niemand gesehn als von mir allein.

»Und was soll die letzte Zeile bedeuten?« fragte Scantlie Mab, als Habetrot ihr Lied beendet hatte.

»Ich habe jemanden gebeten«, sagte Habetrot, »zu dieser Stunde hierherzukommen, und er hat mein Lied durch den ausgehöhlten Stein gehört.«

Und indem sie das sagte, öffnete sie eine Tür, die unter den Wurzeln eines Dornstrauches verborgen war, und lud das Paar ein näherzutreten.

Der Edelmann staunte sehr über die unheimliche Gesellschaft und fragte eine nach der andern, woher denn ihre Lippen so lang und verunstaltet seien. Jede antwortete, indem sie den Mund ziemlich verrenkte, daß es vom Spinnen käme – oder versuchte wenigstens zu antworten, wenn auch nicht mehr herauskam als etwas, das wie »O-om-spinn'n« oder »spa-ann« oder »I-il-gsponn'n« klang. Aber alle übermittelten die gleiche Botschaft, während Habetrot ihm mit einem schlauen Blick auf sein hübsches Weib andeutete, was diese zu erwarten hätte, wenn man sie spinnen ließe.

»Nie wieder soll sie ein Spinnrad anrühren«, schwor der Edelmann, und er hielt Wort. Sein Weib ging mit ihm über die Wiesen oder ritt hinter ihm über Berg und Tal, und aller Flachs, der auf seinem Land wuchs, wurde zur alten Habetrot gebracht, daß sie ihn zu Garn verspönne.

Das Fest der Elfen von Nithsdale

Ein junger Mann aus Nithsdale hörte eines Nachts eine wilde und wunderbare Musik, von der er ganz verzaubert war, dazu den Klang eines Chors gemischter Stimmen, schöner und lieblicher als alles, was je eine sterbliche Kehle hervorbringen konnte. Er folgte dem Klang und entdeckte das große Bankett der Elfen.

Ein grüner Tisch mit Füßen aus Gold war über einem kleinen Wasserlauf aufgestellt und reich besetzt mit feinem Brot und köstlichen Weinen. Die Musikanten spielten zum Tanz auf dünnen Schilfrohren und Getreidehalmen. Er wurde eingeladen, beim Tanz mitzumachen, und ein Becher Wein wurde ihm dargereicht.

Als das Bankett vorüber war, erlaubte man ihm, nach Hause zu gehen, und von da an war er für sein ganzes Leben mit dem Zweiten Gesicht begabt. Er rühmte sich, damals einige seiner Bekannten aus der Erdenwelt gesehen und mit ihnen gesprochen zu haben, welche die Elfen als Brüder in ihr Volk aufgenommen hatten.

Die Elfenburg von Dhun Gharsain

Dhun Gharsain war ein berühmter Elfenwohnsitz, von wo die Elfen am Vorabend von Allerheiligen ausschwärmten wie Stare, die am St.-Patricks-Morgen aus ihrer Höhle fliegen. Sie wirbelten und tanzten den Reigen, schwebten auf und nieder über den Wiesen ringsum im Licht des silbernen Mondes und der glitzernden Sterne, und kein Mensch störte sie dabei. Im übrigen waren sie auch recht schlau und durchtrieben, lockten zuweilen die Söhne der Menschen in ihre Behausungen und entführten Kinder, um sie bei sich zu behalten, oder holten sich Frauen, daß sie ihre hilflosen Kleinen aufzögen.

Eines Tages jedoch zerstörte ein gedankenloser Bauer die Elfenburg von Dhun Gharsain, als sie alle fort waren, um der Königin von Blath-bheinn zu helfen, einen Tartanrock, eine Tartanjacke und einen Tartanüberwurf für ihren hochgewachsenen Sohn zu seiner Hochzeit mit der schönen Tochter des Königs von Cuilionn zu machen. Keine blieb zu Hause außer einer einzigen Elfenfrau, die krank war; und der Bauer trug die Steine weg, um Einfriedungen für sein Vieh und Pferche für seine Schafe daraus zu bauen. Er ließ nichts zurück als die Grundmauern der schönen Elfenburg.

Als die Elfen heimkamen und sahen, daß ihre Wohnung zerstört war, wurden sie sehr zornig und schworen Rache. Ein Licht, das nicht von dieser Welt war, schien dort, wo ihre Halle gewesen war, und eine Stimme, die nicht von einem Menschen stammte, sprach in der Luft die Worte:

Wirf den Pfeil nach dem schwarzen Norman,
Wirf den Pfeil nach dem schwarzen Norman,
Wirf den Pfeil nach dem schwarzen Norman,
Der meine Saiten zerriß, meine Harfe zerbrach
Und die Halle in Trümmer schlug.

Darauf antwortete eine andere Stimme:

Ich kann ihn nicht selber töten,
Ich kann ihn nicht selber umbringen,
Ich kann ihm nicht unbemerkt nahe kommen,
Denn die Milch der Kuh, die Sandkraut gefressen hat,
Steckt ihm noch in der Kehle.

Danach verließen die Elfen Dhun Gharsain und kehrten nie wieder zurück, höchstens daß hier und da eine umherschweifende Elfe aus weit entfernten Gegenden vorüberstrich und einen Blick auf die Grundmauern ihrer Heimstatt warf, wo das Elfenvolk so fröhlich gewohnt und getanzt und sein Leben in Freude verbracht hatte.

Tom der Reimer und die Elfenkönigin

Der Barde Thomas von Ercildoune, den man Tom den Reimer nannte, lebte während der Regierung Alexanders III. von Schottland. Er soll die Gabe des Hellsehens besessen haben, und die Leute glaubten, dies sei ein Geschenk der Elfen gewesen.

Als nämlich Thomas einmal auf dem Huntly-Hügel am Abhang der Eildon-Berge lag, sah er eine Frau von so wunderbarer Schönheit daherkommen, daß er meinte, es müsse die Jungfrau Maria selber sein. Ihr Zelter war feurig und edel, und in seiner Mähne hingen neununddreißig Silberglöckchen, die der Wind erklingen ließ, als sie vorüberritt. Ihr Sattel war aus Elfenbein, mit Goldschmiedearbeit überzogen. Sie hatte einen Bogen in der Hand und Pfeile am Gürtel. Sie führte eine Koppel von drei Windhunden mit sich, und drei Spürhunde liefen dicht hinter ihr. Sie wies die ehrerbietige Huldigung, die Thomas ihr darbringen wollte, zurück; so versuchte er auf andere Weise, sich ihr zu nähern, und wurde endlich ebenso kühn, wie er vorher schüchtern gewesen war. Die Dame warnte ihn, er müsse ihr Sklave werden, wenn er fortfahre, sie zu bedrängen. Und während sie so beieinander waren, verwandelte sich die schöne Dame in das häßlichste alte Weib, das man sich denken konnte; ihre eine Seite war wie vom Schlagfluß gelähmt; ein Auge quoll ihr aus dem Kopf; ihre Gesichtsfarbe war schwärzlich-grau wie Blei. Seine ungezügelte Begierde hatte Thomas in die Gewalt der Hexe geliefert, und als sie ihn aufforderte, von Laub und Gras Abschied zu nehmen, konnte er nicht anders, als dem Befehl Folge leisten.

Eine Höhle nahm die beiden auf, in der sie drei Tage im Finstern fortzogen, zuweilen war das Donnern eines fernen Ozeans zu hören, zuweilen ging es durch Ströme von Blut.

Schließlich tauchten sie wieder ans Tageslicht empor in einem wunderbaren Obstgarten. Thomas, der vor Hunger fast zusammenbrach, streckte seine Hand aus nach den köstlichen Früchten, die ringsumher an den Bäumen hingen, aber seine Führerin ließ es nicht zu, daß er welche nahm, denn dies seien die unseligen Äpfel, die den Sündenfall der Menschheit verursacht hätten. Sobald sie übrigens diese wunderbare Gegend betreten hatten und die zauberische Luft atmeten, war ihre frühere Schönheit wiederhergestellt.

Darauf befahl sie Thomas, sein Haupt auf ihre Knie zu legen. »Der Pfad dort zur Rechten«, sagte sie, »bringt die Seelen der Begnadeten ins Paradies; jener abwärts weisende viel benutzte Weg führt die Seelen der Sünder zu der Stätte ewiger Strafen; die dritte Straße, bei jenem düsteren Dorngestrüpp, geht zu dem weniger schrecklichen Ort der Qual, von dem Gebet und Messe die Gefallenen erlösen können. Aber siehst du noch jene vierte Straße, die sich durch die Ebene windet zu dem prächtigen Schloß da drüben? Das ist die Straße ins Elfenland, wo wir jetzt hin wollen. Der Herr des Schlosses ist der König dieses Landes, und ich bin seine Königin. Doch merke wohl, Thomas, lieber wäre es mir, ich würde von wilden Tieren zerrissen, als daß er erfahre, was zwischen uns gewesen ist. Daher bewahre das strengste Stillschweigen, wenn wir das Schloß betreten, gib auf keine Frage Antwort, und ich will dein Schweigen glaubhaft machen, indem ich sage, ich hätte dir die Sprache genommen, als ich dich aus dem Bereich der Mitte wegholte.«

Sie zogen also weiter, kamen zu dem Schloß und betraten es durch die Küche; sogleich fanden sie sich inmitten einer so festlichen Szene, wie sie zum Hause eines großen Herrn oder Fürsten gepaßt hätte. Dreißig Hirsche lagen auf dem schweren Küchentisch, und zahlreiche Köche waren bemüht, sie zu zerlegen und zuzurichten, während riesige Jagdhunde, denen man die Eingeweide vorgeworfen hatte, das Blut aufleckten.

Darauf kamen sie in die königliche Halle, wo der König seine liebliche Gemahlin ohne das geringste Mißtrauen aufnahm. Ritter und Damen, zu dritt im Reigen schreitend, befanden sich überall in der ganzen Halle, und Thomas vergaß alle Müdigkeit der langen Reise von den Eildon-Bergen her und beeilte sich, an ihrer Lustbarkeit teilzunehmen.

Nach einer Zeitspanne, die ihm sehr kurz dünkte, kam die Königin zu ihm und befahl ihm, sich bereitzuhalten, in sein eigenes Land zurückzukehren. »Wie lange meinst du«, fragte sie, »bist du hier bei uns gewesen?«

»O gewiß nicht länger, schöne Herrin«, antwortete Thomas, »als sieben Tage.«

»Da täuschst du dich sehr«, sagte die Königin, »du bist sieben Jahre in diesem Land gewesen, und es ist hohe Zeit, daß du gehst. Denn wisse, Thomas, morgen kommt der böse Höllenfeind zu diesem Schloß, um seinen Tribut zu fordern, und ein so ansehnlicher Mann wie du könnte sein Begehren reizen. Ich möchte aber um alles in der Welt dich nicht einem solchen Schicksal aussetzen. Daher sollst du dich aufmachen und uns verlassen.«

Diese schreckliche Kunde machte Thomas den Abschied vom Elfenland leicht, und die Königin brauchte nicht lange, bis sie ihn nach Huntly Bank zurückgebracht hatte, wo die Vögel noch immer sangen. Sie sagte ihm zärtlich Lebewohl, und um ihm zu Ruhm und Ansehen unter den Menschen zu verhelfen, verlieh sie ihm die »Zunge, die nicht lügen kann«.

So kam Tom der Reimer bei den Leuten in den Ruf eines Propheten, ob er wollte oder nicht, denn er konnte nichts sagen, was nicht mit Sicherheit in Erfüllung ging.

Thomas lebte danach eine Reihe von Jahren in seiner eigenen Burg in der Nähe von Ercildoune und wurde sehr berühmt durch seine Prophezeiungen, von denen einige bis zum heutigen Tag unter den Landleuten im Umlauf sind. Eines Abends schließlich, als der Prophet gerade den Grafen von

March in seinem Hause bewirtete, ließ sich vom Dorf her ein Ruf des Staunens hören, weil ein Hirsch und eine Hindin, die den Wald verlassen hatten und sich entgegen ihrer Natur ohne Scheu bewegten, mitten durch das Dorf zu der Behausung des wahrhaftigen Thomas schritten. Der Prophet erhob sich sogleich von seinem Sitz, sagte seinen Gästen Lebewohl und ging mit dem Hirsch und der Hindin zurück in den Wald. Hier und da wurde er noch einmal von einigen wenigen, denen er sich zeigen wollte, gesehen, aber nie wieder hat er Umgang mit den Menschen gepflogen.

Sankt Brendans Zaubernebel

Ein Mann namens Domhull Dubh, manchmal auch Domhull Dubh Mor genannt, wohnte in Baile-nan-creige in der Nähe von Sankt Brendans Grabstätte und seiner Kirche in Barra.

Domhull Dubh hatte seine eigene Meinung von den Heiligen und ihren Festtagen, und infolgedessen hatten er und der Priester von St. Brendan gelegentlich kleine Reibereien, die mitunter sogar zu Zorn und Ärger führten. Der Mann war im übrigen ein guter Nachbar und ein fleißiger Landwirt, aber manche sagten, er sei ungläubig und wenig fromm, so halte er kaum den Sonntag ein und selbst die Festtage der Heiligen nicht.

Am Tage des heiligen Brendan, als die andern, wie es sich gehört, zur Morgenmesse gingen, machte sich Domhull Dubh auf zum Pflügen. Er suchte sich eine versteckte Mulde aus, wo er vermeinte, unbeobachtet und unbelästigt von Mann oder Frau oder geschwätzigen Kindern arbeiten zu können, aber er hatte nicht bedacht, daß das Auge des heiligen Brendan ihn sehen und sein Zorn ihn treffen werde, weil er seine Ruhe störte und seinen Festtag nicht einhielt.

Kaum hatte Domhull Dubh seinen Pferden zugerufen anzuziehen, als ein Zaubernebel herabsank, so finster wie das Leichentuch und so dicht, daß er die Pferde vor sich und den Hakenpflug in seiner Hand nicht mehr sehen konnte. Da er merkte, daß er den Heiligen beleidigt hatte, rief er seinen Namen an:

Brendan! O Brendan!
Nimm den Nebel von mir.

Der Nebel hob sich sogleich, aber anstelle seiner starkknochigen festen, kurzohrigen, langmähnigen, langschweifigen

zensreichen Jungfrau, willen mitzukommen und Domhull mit Weihwasser zu besprengen, damit Brendan den Bann von ihm nehme.

»Laß Domhull Dubh Mor nur mit seiner Todesangst herumlaufen«, sagte der Priester, »bis er durch gute Taten Reue für seine bösen bezeugt.« Aber schließlich kam der gute Priester trotzdem mit; nachdem er Domhull Dubh einen kräftigen Verweis hatte zuteil werden lassen, besprengte er ihn mit dem Wasser des Friedens und trug ihm auf, den Armen und Notleidenden, die ja auch zum Ebenbild Gottes gemacht sind, Almosen zu geben und hinfort nicht mehr zu sündigen.

Keltische Krieger

Der Sohn des Grünen Ritters

Vorzeiten lebte ein Lord, der hatte einen schönen Besitz und eine Menge Vieh und Geflügel. Nun wurde damals das Geflügel so hoch geschätzt, daß die Grundherren sich gewöhnlich eine besonders geschickte Frau dafür hielten, die von den Leuten die Hühnerfrau genannt wurde. Dieser Lord also hatte eine Hühnerfrau, die sehr klug und geschickt war, und sie hatte einen hübschen Jungen, den sie ihren Sohn nannte, und er nannte sie seine Mutter.

Der Junge wuchs zu einem ansehnlichen Burschen heran und versprach, ein tüchtiger Mann zu werden. Aber bei allen Leuten weit und breit hieß er nie anders als der Sohn der Hühnerfrau; doch störte ihn das nicht im geringsten.

Die Hühnerfrau hatte ihr gutes Auskommen unter dem Herrn, sie hatte ein Haus, drei Kühe und alles, was sie sonst brauchte. Als nun der Knabe zu einem jungen Mann heranwuchs, pflegte er mit den Kühen fortzugehen und den ganzen Tag die Herde zu hüten. Eines Tages trieb er sie weiter fort als gewöhnlich, zu einer Stelle, wo die Weide besonders gut war. Sobald das Vieh anfing zu grasen, begab er sich zu einem kleinen Hügel, wo er es gut sehen konnte, und ließ sich da nieder. Er verbrachte hier den größten Teil des Tages und hatte seine Freude an allem, was er sah. Zuletzt erblickte er in der Mulde unter sich ein schönes Mädchen, das kam heraufgestiegen zu der Stelle, wo er saß; sie hatte das Rot der Rose auf ihren Wangen, und ihr goldenes Haar hing ihr in Locken über die Schultern.

Sie kam zu dem Platz, wo er saß, und nachdem sie ihm die Tageszeit geboten hatte, meinte sie, es sei wohl recht einsam für ihn, nur mit den drei Kühen, die er hüte. Er hatte gleich eine Antwort bereit und sagte, daß es nun nicht mehr einsam für ihn sei, da sie ja zu ihm gekommen sei. Darauf fragte sie ihn, ob er ihr eine der Kühe verkaufen wolle. Er sagte, das könne er nicht, denn seine Mutter würde ihn ausschelten. »O nein, das wird sie nicht, wenn du einen guten Preis für die Kuh bekommst.« – »Und was willst du mir für sie geben?« – »Ich will dir einen Stein mit wunderbaren Kräften geben.« – »Was sind das für Kräfte, die der Stein besitzt?« – »Es gibt keine Kraft, die du je brauchst für Leib oder Leben, die du nicht darin finden wirst, solange du ihn bewahrst, und es gibt keinen Ort, wo du dich hinwünschst und dazu so viele mit dir, wie du haben möchtest, an dem du nicht augenblicklich sein wirst.« – »Laß mich den Stein einmal betrachten.« Das Mädchen gab ihm den Stein, und er war schön anzuschauen. Er hielt ihn fest in der Hand und meinte, er wolle ihn prüfen, bevor er die Kuh dafür gäbe. Er war gerade recht durstig und dachte, er hätte wohl gerne einen Trunk von der Quelle des Roten Steins hinter dem Haus seiner Mutter. Kaum war ihm dieser Wunsch in den Sinn gekommen, so saß er auch schon neben dem Brunnen. Er tat einen Trunk und kehrte zurück auf die gleiche Weise, wie er hingekommen war. Er gab nun die Kuh für den Stein und war ganz und gar zufrieden mit dem Tausch, den er gemacht hatte.

Darauf ging das Mädchen mit den rosenroten Wangen davon und nahm die Kuh mit, die es gekauft hatte, und er kehrte in der Dämmerung mit den andern beiden Kühen nach Hause zurück. Als seine Mutter sah, daß er nur zwei bei sich hatte, fragte sie ihn, wo die dritte sei. Er berichtete, daß er sie verkauft habe. Sie fragte, was er dafür bekommen habe. Er antwortete, er habe einen Stein dafür bekommen. Als seine Mutter den Stein sah und nicht begriff, wozu er dienen sollte, geriet sie in die größte Wut und schalt ihn fürchterlich. Er lauschte schweigend jedem Wort, das sie sagte, und widersprach nicht mit der kleinsten Silbe. Als ihr Zorn sich gelegt hatte, sagte sie ihm, er solle die beiden Kühe versorgen, damit sie gemolken würden. Er tat es, und an diesem Abend gaben die beiden soviel Milch, wie sonst die drei gegeben hatten.

Am nächsten Morgen, nachdem er sein Frühstück bekommen hatte und die Kühe gemolken waren, befahl ihm seine Mutter, die Kühe wieder zu der Stelle zu treiben, wo sie am Tag vorher gewesen waren. Er ging mit ihnen von dannen und brachte sie genau an den gleichen Platz. Kaum waren sie angelangt, so fingen die Kühe an zu grasen, und er setzte sich auf denselben Hügel, wo er am Tage zuvor gesessen hatte.

Ungefähr um die Zeit, zu der er das erste Mal das Mädchen gesehen hatte, sah er sie auch an diesem Tag die Mulde heraufsteigen. Sie kam zu der Stelle, wo er saß, und fragte ihn, ob er ihr noch eine Kuh verkaufen wolle. Er sagte, das wolle er nicht, da er am Abend vorher auf das fürchterlichste ausgescholten worden sei von seiner Mutter, wegen der einen, die er ihr verkauft habe. »Oh, wenn du den rechten Preis dafür bekommst, wird sie dich nicht ausschimpfen.« – »Was willst du mir denn für sie geben?« – »Ich will dir einen heilkräftigen Edelstein dafür geben.« – »Was für Wunden wird der Stein heilen?« – »Alle Wunden in deinem Fleisch und deiner Haut, jede Krankheit des Leibes oder des Geistes wird er heilen, wenn du ihn an dir reibst.« Der Bursche hatte eine Wunde an der Zehe, und er bat das Mädchen, ihm den Edelstein zu zeigen. Er bekam ihn, und sobald er ihn an seiner Zehe rieb, war die geheilt. Da gab er ihr die Kuh und war ganz und gar zufrieden mit dem Tausch, den er gemacht hatte.

Als der Abend kam, ging er mit der letzten Kuh heim. Seine Mutter kam ihm entgegen und fragte ihn, was er für die Kuh bekommen habe. Er sagte, er hätte einen Edelstein für sie bekommen. Als sie das hörte, geriet sie in eine Wut, die war siebenmal so schlimm wie am Tage vorher. Schließlich beruhigte sie sich und befahl ihm, die letzte, noch verbliebene Kuh zu versorgen, damit sie gemolken werden könne. Er tat es, und sie gab soviel Milch, wie die drei vorher gegeben hatten.

Am Morgen, nachdem die Kuh gemolken worden war, befahl die Mutter dem Burschen, sie an die Stelle zu treiben, wo sie am Vortag gewesen war. Er ging mit ihr von dannen, und als er zu dem Platz gekommen war, ließ er sich wie gewöhnlich auf dem Hügel nieder. Das Mädchen kam wieder zu ihm und fragte ihn, ob er die einzige Kuh, die er noch hatte, verkaufen wolle. »Oh, ich wage es nicht, denn ich bin schon so fürchterlich ausgescholten worden wegen der letzten, die ich verkauft habe.« – »Oh, du wirst keine Schelte bekommen, wenn du den rechten Preis für die Kuh bekommst.« – »Und was willst du mir für sie geben?« – »Ich will dir ein kleines Vogelnetz geben.« – »Welche Art Vögel kann man damit fangen, und wie wird es aufgestellt?« – »Du brauchst nichts weiter zu tun, als es über die Büsche breiten und die ganze Nacht dort lassen, und am Morgen werden alle Arten von Vögeln, wie du sie nur je gesehen oder gehört hast, darin sein, und zwölf Vögel werden darin sein, die du noch nie gesehen oder gehört hast.« Er gab die Kuh für das Netz. Sie ging davon mit der Kuh, und er kehrte nach Hause zurück mit dem Netz.

Als seine Mutter sah, daß er nach Hause kam und nicht eine Kuh mehr bei sich hatte, brachte sie zunächst kein einziges Wort heraus und warf nur einen schmerzerfüllten Blick auf ihn. Nun tat es ihm zwar sehr leid, daß er so sehr ihr Mißfallen erregte, doch war er ganz sicher, daß sie zufrieden sein werde, wenn sie die große Menge Vögel sähe, die er am nächsten Morgen im Netz hätte.

Sobald er sich am nächsten Morgen erhoben hatte, ging er hinaus, um nach dem Netz zu sehen, das er am Abend vorher gestellt hatte, und so viele und seltene Vögel, wie er darin fand, waren ihm noch nie vor Augen gekommen. Er ging mit ihnen heim, und als seine Mutter sah, was für eine Menge Vögel er mitbrachte, fragte sie ihn, wo er sie gefunden habe. Er sagte, daß er sie in dem Netz gefangen hätte. »Und wirst du noch mehr damit fangen?« – »Ich werde die gleiche Anzahl fangen, sooft ich es aufstelle.« Das gefiel ihr schon besser, auch waren sie mit der Milch von den Kühen lange nicht so gut daran gewesen wie jetzt mit dem Fleisch der Vögel.

Der Bursche wuchs heran zu einem Mann von ansehnlicher Gestalt und zeigte sich klug und besonnen in seinem Betragen. Der Lord faßte eine Zuneigung zu ihm und machte ihn zum Bedienten in seinem Hause. Er versah seinen Dienst aufs beste, und jedermann im Hause schätzte ihn.

Nun hatte der Lord eine Tochter, die von den Leuten Beerenauge genannt wurde. Sie war ausnehmend schön, und der Bursche faßte eine tiefe Liebe zu ihr. Sie verliebte sich auch in ihn, aber sie hätte nie zugegeben, daß dem so war, weil er nur der Sohn der Hühnerfrau war. Sie ging ihm immer aus dem Wege und versteckte sich in jedem Busch, damit er sie nicht sehen sollte. Aber er hatte ja den Zauberstein, und mit Hilfe des Steines konnte er plötzlich an ihrer Seite stehen, wo sie sich auch befand. Doch dann rief sie sogleich nach ihrem Vater, und er mußte fortgehen, damit er nicht entdeckt würde. So ging es häufig, aber eines Tages wünschte er sich, bei ihr im Haus zu sein, und im gleichen Augenblick war er dort. Sobald sie ihn sah, versuchte sie nach ihrem Vater zu rufen, aber ehe sie Zeit hatte, ein Wort herauszubringen, sprang er auf sie zu und umarmte sie und sagte: »Ich wollte, daß du und ich auf der Grünen Insel wären am äußersten Ende der äußersten Welt, wo dein Vater deine Stimme nicht hören und meine Mutter nicht sagen könnte, daß ich ihr Sohn wäre!« Ohne zu wissen, wie ihnen geschehen war, fanden sie sich in einem Augenblick auf der Grünen Insel wieder und hielten einander umfangen.

Sie blieben eine gute Zeit lang dort und lebten von den Früchten der Bäume. Aber an einem heißen Tag, als sie zusammen auf einem Hügel saßen und auf das Meer schauten, legte er seinen Kopf in ihren Schoß und schlief ein. Während er schlief, fing sie an darüber nachzudenken, wie sie wohl an

diesen Ort gekommen seien, und kam endlich zu dem Schluß, er müsse einen Zauber gehabt haben oder irgendein Ding, das wunderbare Kräfte besaß, durch die er sie dorthin gebracht hätte, wo sie jetzt waren. Sobald ihr dies klar wurde, durchsuchte sie seine Kleider, um zu sehen, ob sie nicht irgend etwas fände, was ihren Verdacht bestätigte; und als sie sein Gewand an der Brust geöffnet hatte, fand sie die beiden Zaubersteine, die dort sorgfältig verborgen waren. Sie betrachtete sie (und sie waren schön anzuschauen); und sie sagte zu sich selbst, daß es wohl diese seien, mit denen er sie hergebracht habe. Darauf nahm sie ihre Schere und schnitt das Vorderteil ihrer Kleider damit weg und ließ es unter seinem Haupt. Sobald sie aufgestanden war, sagte sie: »Ich wollte, daß ich wieder in meines Vaters Haus wäre«, und ehe die Worte aus ihrem Mund heraus waren, war sie auch schon in ihres Vaters Haus.

Als er erwachte, schaute er sich nach allen Seiten um, ob er sie erblicken könnte, aber er erblickte sie nirgends. Er schaute dann auf den Boden und sah das Vorderteil ihres Kleides dort liegen, wo sie es unter seinem Kopf zurückgelassen hatte. Er faßte schnell mit der Hand nach seiner Brust und fand das Gewand offen und die Steine weggenommen. Er wußte jetzt, woran er war, und wurde traurig und niedergeschlagen, und er wünschte, er wäre nie an diesen Ort gekommen, denn es wollte ihm nichts einfallen, was ihm wieder weggeholfen hätte.

Eines Tages nun wanderte er am Strand entlang, als er in der Nähe des Waldes, der vor ihm lag, ein paar Bäume bemerkte. Er ging hin und sah, daß sie Früchte trugen, wie er sie noch nie gesehen hatte, solange er auf der Insel war. An einigen der Bäume waren Äpfel, so schön er nur je welche sah, und an anderen waren die allerhäßlichsten Äpfel. Er war niedergeschlagen und elend vor Gram und Müdigkeit und dachte, er wolle einen der schönen Apfel essen, ob ihm davon besser würde. Aber sobald er anfing zu essen, begannen seine Füße zu zittern und das Fleisch von seinen Knochen zu schwinden. Er dachte, der Tod stünde nun wohl unentrinnbar vor ihm, und da er zudem große Qual litt, wollte er einen von den häßlichen Äpfeln essen, um zu sehen, ob der Tod dann schneller käme. Aber sobald er den häßlichen Apfel aß, hörte das Fleisch auf zu schwinden, und seine Knochen hörten auf zu zittern, und ehe er noch einen zweiten davon gegessen hatte, war er so munter und gesund wie je. Nun merkte er, daß er zwar ein Kleinod verloren, aber dafür ein Heilmittel gefunden hatte. Er fing sogleich an, Weidenkörbe zu flechten, und als sie fertig waren, füllte er sie mit den Äpfeln. Dann brachte er sie an einen sicheren Platz in der Hoffnung, sie könnten ihm einmal von Nutzen sein.

Eines Tages nun sah er weit draußen auf dem Meer ein Schiff, das geradewegs auf die Insel zuhielt. Er richtete Zeichen auf, um die Aufmerksamkeit der Mannschaft auf sich zu ziehen, und als das Schiff auf Hörweite herangekommen war, fing er an, laut zu rufen. Endlich bemerkten sie ihn und schickten ein Boot an Land. Die Bootsbesatzung fragte ihn, was ihn hierhergeführt habe oder wie er überhaupt an diesen Ort gekommen sei. Er antwortete, daß das Schiff, mit dem er gefahren sei, gescheitert wäre und daß er allein sich an den Strand des Eilandes hätte retten können. Sie fragten darauf, was er auf dem Schiff getan hätte. Er sagte, daß er Arzt gewesen sei. »Oh, wie uns das willkommen ist!« sagten sie. »Unser Kapitän ist krank, und unser Arzt hat ihn aufgegeben. Vielleicht kannst du ihm helfen.« – »Wir werden sehen, was sich machen läßt, wenn wir zu ihm kommen.«

Er stellte die Körbe in das Boot, und als er an Bord des Schiffes kam, brachte er sie an einen sicheren Ort. Dann nahm er ein oder zwei Äpfel in der Tasche mit und ging zu dem Kapitän. Er schaute ihn an und sagte, er könne geheilt werden, wenn er einnähme, was er ihm gäbe. Der Kapitän antwortete, daß er alles nehmen wolle, was ihm helfen könnte. Darauf gab der Arzt ihm ein wenig von einem der schönen Äpfel, und sobald er davon aß, begannen sein Fleisch und seine Haut dahinzuschwinden. Als die Schiffsleute das sahen, wollten sie den Arzt an den Mast binden und ihn mit einem Tauende zu Tode prügeln. Aber er bat sie, ihm noch eine Stunde Zeit zu lassen, und sagte, sie könnten ihn immer noch nach Belieben binden und zu Tode peitschen, wenn er in dieser Zeit den Kapitän nicht heilte. Sie gewährten ihm die verlangte Zeit und noch mehr dazu, bis zum Abend. Darauf gingen sie fort und ließen ihn allein.

Er schloß die Tür hinter ihnen ab und begann sogleich, den Kapitän mit den häßlichen Äpfeln zu kurieren, und ehe noch die Stunde herum war, hatte er ihn so stark und gesund gemacht, wie er war, bevor ihn die Krankheit überfiel. Als die Schiffsleute das sahen, waren sie voller Dankbarkeit und wußten nicht, was sie ihm alles zu Gefallen tun sollten. Der Kapitän fragte ihn, was für Wünsche sie ihm erfüllen könnten. Er antwortete, daß er keinen Wunsch habe außer dem, daß sie ihn in dem Hafen, von wo er zuerst abgesegelt sei, an Land setzen sollten. Sie wendeten sogleich das Schiff und fuhren geradewegs zu dem Hafen, den er ihnen genannt hatte. Und als sie dort anlangten, nahm er die Körbe und ging an Land. Er nahm Abschied von dem Kapitän und seinen Leuten und ging geradewegs zu dem Ort, von wo er ausgegangen war.

Er ließ sich dort als Heiler nieder und fing an, Kranke zu kurieren. Keiner von seinen alten Bekannten erkannte ihn wieder, aber sein Name wurde bald nah und fern genannt als der eines guten Arztes, der die Leute von jeder Krankheit und von allen Leiden, die sie plagten, befreite.

Eines Tages schickte der Lord nach ihm, er solle eilends zu seiner Tochter kommen, die zu dieser Zeit sehr krank war. Er ging unverzüglich hin und kam zum Hause des Lords. Er betrat das Zimmer, wo die Tochter lag, und nachdem er sie untersucht hatte, sagte er, daß sie an einer seltsamen Krankheit leide. »Ihr habt einen Diebstahl begangen«, sprach er zu ihr, »und ehe Ihr den nicht gesteht, könnt Ihr nicht geheilt werden.« Sie antwortete, daß sie sich nicht darauf besinnen könne, je einen Diebstahl begangen zu haben. Er sagte, sie müsse einem Menschen etwas weggenommen haben, das sehr wertvoll für ihn gewesen sei. Da erinnerte sie sich an die Steine, die sie dem Sohn der Hühnerfrau auf der Grünen Insel weggenommen hatte, und sie erzählte dem Heiler alles, was zwischen ihnen geschehen war. Er fragte sie, wo die Steine wären, die sie von seiner Brust genommen hätte. Sie sagte, sie wären auf dem Fensterbrett. Sogleich nahm er die Steine an sich, steckte sie in seine Tasche und sagte: »Da Ihr die Wahrheit gesagt habt, könnt Ihr geheilt werden.« Dann gab er ihr ein paar von den häßlichen Äpfeln, und ehe der nächste Abend kam, war sie wohl und gesund.

Der Heiler gefiel dem Lord so gut, daß nichts auf der Welt ihn so erfreut hätte, als daß dieser Beerenauge, seine Tochter, geheiratet hätte. Der Heiler war damit einverstanden, und der Tag der Hochzeit wurde festgesetzt.

Der Bursche verheimlichte nun seiner Mutter nicht länger, wer er war, sondern ging noch am selben Abend zu ihrem Haus und erzählte ihr, daß er Beerenauge heiraten werde nach Wunsch und Willen ihres Vaters. »Aber, Mutter«, sagte er, »lasse niemanden wissen, daß ich dein Sohn bin, bis die Hochzeit vorüber ist.« Sie versprach es ihm und war glückselig über seine Rückkehr.

Der Hochzeitstag kam schließlich heran, und von allen, die die Vorbereitungen für das Fest trafen, war niemand eifriger als die Hühnerfrau. Im Lauf des Tages kam Beerenauge herein, begleitet von ihrem Vater und dem Heiler, und als sie sah, wie die alte Frau bei allen Arbeiten die erste war, ging sie zu ihr hin und sagte ziemlich scharf zu ihr: »Gute Frau, ich weiß nicht, was Ihr hier überhaupt zu suchen habt! Es wäre besser, Ihr ginget augenblicklich hinaus.« Die Hühnerfrau wandte sich um und sprach zornig: »Was sagst du da? Ich wüßte wirklich nicht, wo ich etwas zu suchen haben sollte, wenn nicht hier bei den Vorbereitungen für die Hochzeit meines Sohnes.« Beerenauge schrie laut auf vor Pein, sie lief zu ihrem Vater hinüber und ergriff seine Hand. Als sie wieder Atem holen konnte, sagte sie zu der Hühnerfrau: »Ist er Euer Sohn, Frau?« – »Ja«, sagte die Hühnerfrau. »Nun, wenn er das ist, will ich ihn nicht heiraten.« Eine große Trauer bemächtigte sich aller Anwesenden, besonders aber des Burschen. Bevor jedoch irgend jemand das Wort ergreifen konnte, sagte die Hühnerfrau: »Er ist nicht mein Sohn, sondern der Sohn des Grünen Ritters, der Heldentaten verrichtete, die auf Erden gepriesen wurden sieben Jahre, bevor er geboren ward, und der kämpfend sein Leben ließ im Spiel der Schwerter gegen den Grimmigen Grafen von Coille-nan-Crann, weil ihm der älteste Sohn des Grimmigen Grafen einen Streich in den Rücken versetzte. Und ich war damals als Amme dort, und als der Ritter erschlagen war, floh ich mit seinem Kind, diesem Burschen da, und ich nährte ihn an meiner Brust und zog ihn auf; und jetzt ist er stark genug, seines Vaters Tod zu rächen und sich seine auserwählte Braut zu suchen.« Als der Jüngling hörte, was die Hühnerfrau sagte, wallte sein Herz hoch auf, und er sprach zu ihr: »Weib, wenn ich wirklich der bin, den du nennst, so will ich dieses Mädchen nicht heiraten.« – »Tausendmal verwünscht sollen die Weiber sein wegen ihrer Schwatzhaftigkeit!« sagte der Lord.

Der Sohn des Grünen Ritters hatte nun sein heilkräftiges Kleinod und seinen Zauberstein wieder am Busen, und er verschwor sich hoch und heilig, daß er um keines Menschen oder Dinges willen weder umkehren noch anhalten wolle, ehe er nicht ein schöneres Mädchen als Beerenauge gefunden hätte; und auf diese Rede hin brach er unverzüglich auf. Er ging fort und fort, er erstieg Berge und Hügel und Hügelchen und ging durch Löcher und Schluchten und breite Täler, bis er zu einem überaus schönen Schloß kam. Er ging jedoch nicht zu dem Schloß hin, denn er wußte nicht, was oder wer ihn dort erwarten mochte. Da aber die Nacht herankam, suchte er Schutz unter den Büschen, die hinter dem Schloß waren. Kaum war er dort angelangt, da sah er die schönste Jungfrau, die er je erblickte, auf sich zukommen. Ihre Augen waren wie Heidelbeeren und ihr Busen weißer als der frischgefallene Schnee. Sie ging vorüber, ohne ihn zu bemerken, aber er hatte ein Bild von ihr empfangen, das Beerenauge vollständig aus seinem Gedächtnis tilgte.

Kaum war sie seinen Blicken entschwunden, so verließ er sein Versteck und ging weiter, um sich nach jemandem umzuschauen, der ihm sagen könnte, wer die schöne Jungfrau sei. Er war noch nicht weit gegangen, da erblickte er ein hübsches junges Fräulein, die einen goldenen Kamm am Hinterkopf trug und Kühe in einen Stall trieb. Er näherte sich ihr und erkundigte sich, wer wohl die Jungfrau gewesen sei, die er durch die Büsche hinter dem Schloß habe wandeln sehen. Sie antwortete, daß es Glattstirne, die Tochter des Königs von Tòrr Uaine, war und daß sie die letzten sechs Wochen in großer Angst und Sorge zugebracht habe. »Was ist der Grund ihrer Angst?« – »Komm in den Stall, und ich will dir alles erzählen.« Er ging hinein, und sie gab ihm einen Trunk Milch. Dann sagte sie, der Grund von Glattstirnes Angst sei ein Traum, den sie vor fast einem Jahr geträumt hätte. »Sie vermeinte durch die Büsche hinter dem Schloß zu wandeln, als sie plötzlich einen kühnen Helden auf sich zukommen sah, dessen Antlitz wie die Sonne und dessen Gestalt wie die eines Löwen war. Seine Locken waren schwarz wie die Farbe des Raben, und weißer als Milch war seine Brust. Viele begehren diese Jungfrau zum Weibe, und ihr Vater will, daß sie einen von ihnen, den er bestimmt hat, heiraten soll. Aber sie tat einen Schwur, daß sie sich nicht vermählen wolle, bis sie das Angesicht des Helden, den sie im Traum sah, erblickt hätte. Das gefiel ihrem Vater nicht; daher gab er ihr ein Jahr und einen Tag Zeit, sich einen Gatten zu wählen, und wenn sie diese Zeit verstreichen ließe, ohne ihre Wahl zu treffen, so müsse sie seiner Wahl folgen. Diese Zeit ist jetzt vorüber bis auf vier Tage von morgen an, und das bereitet ihr so große Angst und Sorge, daß sie jeden Abend einen Gang durch die Büsche macht, ob ihr nicht doch noch der Kühne Held, den sie im Traum sah, begegnet. Heute am frühen Morgen hätte sie sich fast schon dem Willen ihres Vaters gefügt, aber ehe sie tatsächlich nachgab, dachte sie, sie wolle zur Zauberfrau gehen, um sich Rat zu holen. Sie erzählte der Zauberfrau ihren Traum und alles übrige von Anfang bis zu Ende. Die Zauberfrau sagte zu ihr: ›Verliere den Mut nicht, sondern gehe deinen Weg bis zu Ende, denn des Kühnen Helden Zeit ist noch nicht gekommen.‹«

Darauf sagte der Fremde zu dem Mädchen: »Wie kann ich Gelegenheit finden, mit ihr zu sprechen?« – »Halte nur morgen abend die Stelle, wo du sie heute sahst, gut im Auge.« Er verbrachte die Nacht an einem Ort, den das Fräulein ihm anwies, und am nächsten Tag hielt er sich vor jedermann verborgen bis zum Abend, um welche Zeit er die Jungfrau das erste Mal gesehen hatte.

Da ging er wieder zur Rückseite des Schlosses und war kaum eine kleine Weile dort, als er sie kommen sah. Sobald er ihrer ansichtig wurde, ging er auf sie zu und streckte die Arme aus, sie zu umfangen. Sie sah ihm ins Angesicht und sagte, als ob sie ihn schon immer gekannt hätte: »Bist du endlich gekommen?« Sie legte die Arme um seinen Hals und barg das Haupt an seiner Brust. Dann offenbarte sie ihm all ihr Leid und bat ihn, mit ihr zu gehen, sie werde schon einen Ort finden, wo er die Nacht verbringen könne. Er ging mit ihr, und sie brachte ihn in eine verborgene Kammer, wo er bleiben sollte, bis die Frist, die ihr Vater ihr gesetzt hatte, abgelaufen sei.

Am nächsten Morgen war sie weit fröhlicher, als sie all die Zeit gewesen war. Die Zauberfrau merkte das sogleich und fragte sie, ob sie am Abend vorher bei den Büschen gewesen sei. Sie antwortete, sie sei dort gewesen und habe den Kühnen Helden ihres Traumes gefunden. »Geh deinen Weg nun zu Ende, daß er dich gewinne als Sieger«, sagte die Zauberfrau.

Darauf ging das Mädchen zu der Kammer, wo der junge Held war, und während sie sich noch unterhielten, hörte er ein großes Getöse durch das Haus schallen, worüber er sich sehr verwunderte. Er fragte sie, was das Getöse bedeute, und wollte hingehen und nachsehen, was der Grund dafür sei. Sie antwortete, es sei Kunde gekommen, eine Schar von Kriegern zöge heran, die ihren Vater zum Kampf herausgefordert hätten; und ein rothaariger scheeläugiger Koch, der sich erboten habe, sie zurückzuschlagen, mache sich eben fertig auszuziehen. »Was sucht die Schar der Herausforderer?« – »Sie kommen von dem ältesten Sohn des Grimmigen Grafen von Coille-nan-Crann, und wenn mein Vater keine Männer hat, sie zurückzuschlagen, so gehören ich und das halbe Königreich dem Grafen.« Als der junge Held den Namen des ältesten Sohnes des Grimmigen Grafen nennen hörte, zitterte er am ganzen Leibe vor Zorn, seine Augen glühten in seinem Haupt, er ballte die Fäuste und sagte, er müsse hingehen und sehen, wie die Waffen dem Koch anstünden. »Du aber sollst hierbleiben und dich deinem Vater nicht zeigen, bis ich zurück bin.« Und als er das gesagt hatte, eilte er hinaus und auf einem Nebenweg hinter dem Koch her.

Der Koch war noch nicht weit vom Schloß weg, als der junge Held ihn einholte. Er fragte ihn, wo er hinginge. Der Koch antwortete mit großem Stolz und Eifer, daß er sich aufgemacht habe, um eine Schar von Herausforderern zurückzutreiben, die gegen den König von Tòrr Uaine ausgesandt wären von dem ältesten Sohn des Grimmigen Grafen von Coille-nan-Crann, und daß er, wenn er die Feinde zurücktriebe, Glattstirne und das halbe Königreich gewönne. »Das ist recht und gut«, sagte der junge Held, »doch willst du mir nicht einmal deine Waffen leihen, damit ich sehe, wie sie mir anstehen?« – »Das will ich wohl tun, ganz gewiß will ich das tun«, antwortete der Koch. Er legte seine Waffen ab, und der junge Held legte sie an, und er war es, dem sie in Wahrheit zustanden! Darauf sagte der Koch: »Woher wußtest du, daß ich mich aufmachte?« – »Ich hörte das Getöse, das die Spitze deines Schwertes machte, als sie gegen einen von den Kesseln schlug, wie du hinausgingst.« – »Oh, wie mich das freut!« sagte der Koch.

Als sie nahe zu der Stelle kamen, wo das Treffen stattfinden sollte, sahen sie die Herausforderer schon heranrücken. Da sagte der junge Held zu dem Koch: »Du solltest besser diese Waffen wieder anlegen, ehe sie näher kommen.« Der Koch tat einen Blick auf die Schar, und als er den ältesten Sohn des Grimmigen Grafen und seine Männer so nahe sah, sagte er: »Nein, nein, behalte sie nur, denn sie stehen dir besser an. Mich aber verbirg an einem sicheren Ort.« Nun war in der Nähe ein steiler Fels mit einer breiten Kluft an der Vorderseite, und der junge Held schob den Koch in die Kluft und sagte: »Da bleibe nur, bis ich wiederkomme.«

Darauf trat der Sohn des Grünen Ritters vor, um sich mit dem ältesten Sohn des Grimmigen Grafen zu messen. Sie griffen einander an, doch mit dem dritten Streich seines Schwertes schlug der Sohn des Grünen Ritters das Haupt des ältesten Sohnes des Grimmigen Grafen ab. Darauf ging er zum Angriff auf die Männer über, und nachdem er sie alle getötet hatte, steckte er das Haupt des Sohnes des Grafen auf die Spitze seines Schwertes und kehrte zurück, das Schwert über der Schulter.

Er kam zu dem Koch und befahl ihm, aus seiner Kluft herauszukriechen. Der Koch kroch heraus, wie ihm befohlen war. Er blickte zuerst auf den jungen Helden und dann auf das Haupt und sagte: »Du hast da ein Haupt!« – »Ja!« erwiderte der Held. – »Seine Augen sind offen! Will er mit mir Streit anfangen?« – »Ich glaube nicht, daß er das im Augenblick vorhat.« Darauf gingen sie zusammen fort, und als sie in die Nähe des Schlosses kamen, sagte der Kühne Held zu dem Koch: »Du solltest jetzt besser diese Waffen wieder anlegen und das Haupt zum König tragen.« Der Koch legte die Waffen an, und der Held gab ihm das Haupt, ehe sie auseinandergingen. »Wir wollen nicht auf diese Weise auseinandergehen«, sagte der Koch. »Du sollst mit mir in die Küche kommen, damit du etwas, was ich dir schenken will, in Empfang nehmen kannst. Und wenn ich König bin, sollst du mein Koch sein!« Der Kühne Held ging mit ihm, und als sie in die Küche kamen, gab ihm der Koch einen großen Bausch gebleichten Flachses und sagte: »Das sollst du aufheben, um dir damit den Schweiß vom Gesicht zu wischen. Als ich Koch war, hielt ich den Mann, der mir einen solchen Bausch Flachs gab, für meinen Freund.« – »Ich halte ihn auch für meinen Freund«, sagte der Kühne Held, und sie gingen auseinander. Der Koch begab sich mit dem Haupt geradewegs zu dem König, und der Sohn des Grünen Ritters ging zu Glattstirne. Er fand sie an der gleichen Stelle, wo er sie verlassen hatte, aber er sagte ihr weiter nichts, als daß der Koch die Angreifer zurückgeworfen habe.

Als der König sah, daß der Koch das abgeschlagene Haupt mitbrachte, war er sehr erfreut und sagte, daß er sein Versprechen ihm gegenüber einlösen wolle. Und der Koch hatte es sehr eilig, daß die Hochzeit ohne Verzug stattfinden sollte. Der König meinte, er solle sich wenigstens gedulden, bis sie gegessen hätten, und versicherte ihm, er werde alles so machen, wie er versprochen hätte. Der Tisch wurde gedeckt, und sie setzten sich zum Mahle nieder. Aber ehe es noch vorbei war, kam eine Botschaft von dem zweiten Sohn des Grimmigen Grafen, er fordere den König zum Kampf, und wenn er nicht geschlagen werde, so sei Glattstirne und das halbe Königreich sein.

Der König sandte nach seinen Mannen und fragte, wer gehen wolle und die Herausforderer zurücktreiben. Der Koch rief aus: »Wer anders sollte sie zurücktreiben wenn nicht ich? Ich trieb sie schon einmal zurück und werde sie wieder zurücktreiben.« – »Recht und gut«, sagte der König. »Tue das, und ich stehe ein für mein Versprechen.«

Am nächsten Morgen machte sich der Koch fertig zum Aufbruch, und als er vollständig gewappnet war, gab er dem Kessel einen tüchtigen Schlag mit dem Schwert und ging fort. Der Kühne Held hörte den Schall und sagte, daß er hingehen müsse und nachsehen, was da geschähe. »Das brauchst du nicht erst«, sagte sie, »es ist nur der Koch, der auszieht, um heute eine neue Schar von Herausforderern zurückzuschlagen.« – »So will ich hingehen und sehen, wie ihm die Waffen anstehen, aber du zeige dein Antlitz deinem Vater nicht, bis ich zurück bin.« Dann lief er hinaus, hinter dem Koch her.

An diesem Tag ließ er ihn ruhig ein gutes Stück vorausgehen, ehe er ihn einholte. Die Schritte des Kochs wurden immer langsamer, und immer häufiger warf er Blicke hinter sich, je länger der Held säumte zu kommen. Schließlich sah er ihn in der Ferne und blieb stehen, bis er heran war. »Hast du den Schlag gehört, den ich dem Kessel heute gegeben habe?« sagte der Koch. »Ja, der Schlag war es, der mich hierherbrachte«, erwiderte der Held. Als sie in die Nähe des verabredeten Ortes kamen, sagte der Koch: »Es wäre besser, wenn du diese Waffen anlegtest, denn dir stehen sie besser an.« Der Held legte die Waffen an, und als sie die Männer kommen sahen, schrie der Koch: »Da sind sie! Da sind sie! Verbirg mich!« Nun war da ein tiefer Sumpf, nur eine kleine Strecke entfernt, und als sie dahin kamen, schob der Held den Koch mit den Füßen voran in den Schlamm unter einem triefnassen Uferrand, der ganz mit herabhängendem Heidekraut bewachsen war, und sagte ihm, da solle er bleiben, bis er zurückkäme.

Darauf trat der Held gegen den zweiten Sohn des Grimmigen Grafen an, und mit dem zweiten Streich seines Schwertes schlug er ihm das Haupt von den Schultern. Darauf ging er zum Angriff auf seine Männer über und hielt nicht eher inne, als bis keiner von ihnen mehr lebte. Er packte darauf das Haupt des zweiten Sohnes des Grimmigen Grafen bei den Haaren und trug es über die Schulter geworfen davon. Er gelangte zu dem Koch, und er rief ihm zu, er solle hervorkommen unter dem Uferrand, wo er saß. Der Koch kam heraus und sagte: »Du hast heute wieder ein Haupt bei dir! Oh, es grinst mich an! Wird es mit mir streiten wollen?« – »Im Augenblick wohl kaum«, sagte der Held, und sie kehrten zurück auf dem Wege, den sie gekommen waren. Als sie in der Nähe des Schlosses waren, befahl der Kühne Held dem Koch, die Waffen anzulegen und dem König das Haupt zu bringen. Er legte die Waffen an, und als der Held Abschied nehmen wollte, sagte er: »Wir wollen nicht so auseinandergehen. Du sollst mit mir kommen zu der Feuerstelle, damit du ein Geschenk von mir in Empfang nimmst.« Als sie in der Küche waren, gab ihm der Koch einen kurzen dicken Holzlöffel und sagte: »Hebe den auf, bis du Koch bei mir bist. Als ich Koch war, hielt ich den für meinen Freund, der mir einen solchen Löffel gab.« – »Ich halte ihn auch für meinen Freund«, sagte der Held, und sie gingen auseinander.

Der Koch machte sich zum König auf, und der Sohn des Grünen Ritters ging zu Glattstirne.

Der König war hocherfreut, als er sah, daß der Koch die Herausforderer zum zweitenmal geschlagen hatte. Er sagte, daß er sein Versprechen voll und ganz erfüllen wolle. Aber mit nichts anderem wollte der Koch sich zufriedengeben, als daß die Hochzeit sogleich und ohne Verzug stattfinden solle.

Der König sagte zu ihm: »Du wirst müde sein nach dem harten Kampf, den du zu bestehen hattest, und wir alle sind hungrig. Wir wollen zuerst das Mittagsmahl halten, und danach will ich mein Versprechen einlösen.« Aber bevor das Mittagsmahl vorüber war, kam eine Botschaft von dem jüngsten Sohn des Grimmigen Grafen, wenn keiner ihm entgegenträte und die Herausforderung annähme, wären Glattstirne und das halbe Königreich sein.

Der König wurde nun von großer Angst ergriffen, und er schickte wieder nach seinen Mannen. Er teilte ihnen mit, daß der jüngste Sohn des Grimmigen Grafen ihn herausgefordert habe, und sagte, daß er sein gegebenes Versprechen einlösen wolle dem Manne gegenüber, der die Feinde verjage. Der Koch sprang auf, und nachdem er vor des Königs Angesicht getreten war, sagte er: »Wer sollte sie verjagen, wenn nicht ich? Ich habe sie schon zweimal verjagt, und ich werde sie wieder verjagen.« – »Das ist recht«, sagte der König, »und ich werde halten, was ich versprochen habe.«

Als der Koch seine Rüstung und seine Waffen angelegt hatte, ging er hinaus, und wenn er dem Kessel schon einen tüchtigen Schlag versetzt hatte an den beiden vorhergehenden Tagen, so gab er ihm einen siebenmal lauteren an diesem Tag. Dann machte er sich auf den Weg, aber der Held hatte keine große Eile, ihm zu folgen. Schließlich ging er auch, aber wenn er auch ging, so hielt er sich doch verborgen, bis er in die Nähe des Treffpunktes kam. Er sah, daß der Koch sich hingesetzt hatte. Er ging nun schnellen Schrittes vorwärts bis zu ihm. »Bist du endlich gekommen?« sagte der Koch. »Ja«, sagte der Held. – »Ich fürchtete schon, daß du überhaupt nicht kämst. Lege diese Waffen nur an, denn – wahrhaftig – dir stehen sie weit besser.« – »Ich möchte fast meinen, daß sie mir heute wirklich besser stehen«, erwiderte der Kühne Held. Er hatte kaum die Waffen angelegt, als sie die Angreifer schon kommen sahen, und ein sehr grimmiger Held war an ihrer

Spitze. Der Koch sagte: »Oh, verbirg mich! Bringe mich an einen Ort, wo mich keiner sieht!« Da war in der Nähe ein Weiher mit stehendem Wasser, und er stellte den Koch bis zum Hals hinein und sagte: »Wenn du in Bedrängnis kommst, stecke den Kopf unter Wasser, aber wenn du nicht bedrängt wirst, bleibe, wie du bist.«

Die Helden stießen aufeinander, und mit einem Streich seines Schwertes schlug der Sohn des Grünen Ritters dem Sohn des Grimmigen Grafen das Schwert aus der Hand. Darauf packte er ihn und hielt ihn fest und fesselte seine Füße, Hände und Kniegelenke mit einem einzigen Weidenband. Er ließ ihn gefesselt liegen und wandte sich den Kriegern zu. Er fiel sie grimmig an, war über und unter ihnen und ließ nicht einen Mann von ihnen am Leben, ihre Leidensgeschichte zu erzählen. Dann hob er den Sohn des Grafen auf seine Schulter und kam zu dem Koch mit ihm.

Der Koch kroch an Land, naß und schmutzig, über und über mit dem grauen Sumpfmoos bedeckt. Er ging hinter dem Helden her nach Hause. Sobald sie in Sichtweite des Schlosses kamen, sagte der Held zu ihm: »Du tätest besser daran, jetzt diese Waffen anzulegen und diesen Mann zum König zu bringen.«

Wie er die Waffen anlegte, warf er einen Blick auf den Mann, und als er sah, daß er sich bewegte, schrie er: »Oh, er lebt noch! Und er wird mit mir kämpfen wollen!« – »Gewiß lebt er noch«, sagte der Held, »aber er kann dir im Augenblick kein Leid tun. Nimm ihn so, wie er ist, mit zum König.« Der Koch sagte: »Die Herausforderer sind nun endgültig geschlagen. Du darfst dich bereithalten. Wenn ich des Königs Tochter bekomme, so will ich dich zu meinem Oberkoch machen.« Darauf trennten sie sich.

Der Koch ging mit dem Mann hinein zum König, und als der König seine gewaltige Gestalt sah, pries er die Tapferkeit des Kochs und sagte zu ihm: »Nun will ich mein Versprechen erfüllen. Aber binde den Mann los, daß er sich mit uns zum Mahle setzen kann.«

Der Koch ging hin zu dem Mann und versuchte ihn loszubinden. Aber für jeden Knoten, den er löste, gab es sieben neue in der Weidenrute. Schließlich sagte er, er könne ihn nicht losbinden. »O hört«, sagte der König, »wer könnte den Mann nicht losbinden, den er selbst gebunden hat?« – »Es war gar nicht dieser, der mich gebunden hat«, sagte der Mann. »Er konnte mich nicht binden, und er kann mich nicht losbinden. Aber der, der mich gebunden hat, kann mich auch losbinden.« – »Wer ist das?« sagte der König. »Der Sohn des Grünen Ritters, der Heldentaten getan hat, die auf Erden gepriesen wurden sieben Jahre, ehe er geboren ward, und der gegen unsere Männer gekämpft hat an den letzten drei Tagen und der in deinem Schloß bei Nacht geschlafen hat – er ist es, der mich gebunden hat, und er ist es, der mich losbinden kann.«

So wurde nach dem Helden geschickt, und er kam herein. Der König blickte ihn an, und als er seine heldenhafte Erscheinung sah, ließ er sich vor ihm auf die Knie nieder. Als er wieder aufgestanden war, bat er ihn, den Mann loszubinden, der gebunden dort lag. Der Held packte den Knoten der Weidenrute mit einer Hand und hob den Mann daran vom Boden auf. Dann ließ er plötzlich los, und im selben Augenblick sprang das Weidenband von dem Mann ab. Sobald dieser auf die Füße kam, wandte er sich zum König und sagte: »Wenn die Hühnerfrau in ihrer Schwatzhaftigkeit nicht geplaudert hätte und die Zauberfrau Glattstirne nicht ihren Rat gegeben hätte, so wären im ganzen Königreich vom Grünen Hügel nicht Männer genug, den Angriff des jüngsten Sohnes des Grimmigen Grafen abzuwehren oder ihm Glattstirne vorzuenthalten. Aber er ist würdiger, sie zu empfangen, als ich.«

Darauf kam Glattstirne herein und sagte zu ihrem Vater: »Heute ist der letzte Tag der Frist, die du mir gegeben hast, um mir einen Gatten zu wählen. Hier ist der Erwählte, so erfülle nunmehr du dein Versprechen.« – »Von ganzem Herzen«, sagte der König, »und alles, was ich besitze, sollst du mit ihm besitzen.«

Der Koch ging wieder an seinen Kochtopf, die Hochzeit wurde gefeiert, und niemand im ganzen Königreich hatte je ein so stattliches Paar gesehen als Glattstirne und den Sohn des Grünen Ritters. Sie feierten ein Fest mit großem Jubel, und wenn sie nicht aufgehört haben zu essen und zu trinken, so sind sie wohl noch dabei.

Der Tag des Schwarzen Hundes

Mac Vic Allan auf Arisaig, Lord von Moidart, ging einmal, als er noch jung und unverheiratet war, auf Jagd in seinen eigenen Wäldern. Mit einem Mal sah er einen Hirsch mit mächtigem Geweih vor sich stehen, so schön, wie er noch nie einen erblickt hatte. Er legte die Büchse an und zielte, und sogleich wurde der Hirsch zu einer Frau, der schönsten, die er je gesehen hatte. Er setzte die Büchse ab, und da stand wieder der Kronenhirsch wie zuvor. Sooft er nun anlegte und zielte, wurde das Tier zu einer Frau, und sooft er das Gewehr absetzte und auf den Boden stellte, wurde diese wieder zu einem Hirsch.

Endlich ging er mit angelegtem Gewehr auf sie zu, bis er ganz nahe heran war. Dann machte er einen Satz und packte sie mit beiden Händen. »Ich lasse dich nicht mehr frei«, sagte er, »ich will keine andere zur Frau als dich.« – »Tu das nur nicht, Mac Vic Allan«, sagte sie, »das wäre kein guter Handel für dich. Ich werde dir teuer zu stehen kommen. Kein Tag wird vergehen, solange ich bei dir bin, an dem du nicht eine Kuh für mich schlachten mußt.« – »Die sollst du haben«, sagte der Lord von Moidart, »und mir sollte es nichts ausmachen, wenn du auch zwei am Tag verlangtest.«

Aber Mac Vic Allans Herde begann bald zusammenzuschrumpfen; nun hätte er die Frau gerne fortgeschickt, aber er konnte es nicht. Schließlich ging er zu einem alten Mann, der in der Nähe lebte und sein Berater war. Diesem sagte er, daß er bald ein geschlagener Mann sein würde; und daß er nicht wisse, wie er die Frau loswerden könne. Der würdige Alte sagte, es gäbe nur einen einzigen Mann auf Erden, der ihn von diesem Weib befreien könne, und das sei MacPhie von Colonsay. In derselben Stunde noch wurde ein Brief an MacPhie geschrieben; MacPhie beantwortete den Brief sogleich und kam nach Arisaig.

»Was für ein Anliegen hast du, Mac Vic Allan?« sagte MacPhie.

Mac Vic Allan erzählte ihm, auf welche Weise er an seine Frau gekommen sei und daß er sie jetzt nicht mehr losbringe.

»Geh nur hin«, sagte MacPhie, »und schlachte heute wie gewöhnlich eine Kuh für sie, sende ihr wie gewöhnlich das Essen in die Stube und stelle mir mein Essen auf die andere Seite der Stube.«

Mac Vic Allan tat, wie ihm geheißen wurde. Das Weib fing an zu essen, und MacPhie fing auch an zu essen. Als MacPhie seine Mahlzeit beendet hatte, blickte er zu ihr hinüber: »Was gibt es heute Neues bei dir, Sianach?« sagte er. »Was kümmert es dich, Brian Brugh?« sagte sie. »Ich habe dich gesehen, Sianach«, sagte er, »als du Treffen mit den Fingalen abhieltest und du mit Diarmid o Duibhne auszogst und ihn begleitetest von Schlupfwinkel zu Schlupfwinkel.« – »Und ich habe dich gesehen«, sagte sie, »Brian Brugh, als du auf einem alten schwarzen Pferd rittest und der Liebste der schlanken Elfenfrau warst und ihr immer nachjagtest von Dickicht zu Dickicht.« – »Hetzt Hunde und Männer auf die Elende«, sagte MacPhie, »lange schon kenne ich sie.« Da entwich das Weib, und jeder Hund und jeder Mann in Arisaig wurde herbeigerufen und hinter ihr hergeschickt. Sie floh vor ihnen, hinaus zur Landspitze von Arisaig, und sie sahen nie wieder eine Spur von ihr.

Darauf kehrte MacPhie nach Colonsay zurück. Eines Tages nun ging er auf Jagd, und die Nacht brach herein, ehe er sein Haus erreichte. Er sah ein Licht und hielt gerade darauf zu. Er kam zu einem Haus und fand eine Menge Männer drinnen sitzen, und in ihrer Mitte war ein alter grauköpfiger Mann. Der alte Mann sagte zu ihm: »MacPhie, tritt näher.« MacPhie ging näher hinzu, und was war es, was ihm in den Weg lief, eine

Hündin, so schön, wie er nur je eine gesehen hatte, die hatte einen Wurf Junge bei sich! Ein Junges vor allem war darunter, von schwarzer Farbe, das war so schön und so schwarz, wie er noch nie eines gesehen hatte. »Diesen Hund muß ich haben«, sagte MacPhie zu dem Mann. »Nein«, sagte der Mann, »du kannst dir gerne eines von den Jungen aussuchen, nur dieses da sollst du nicht bekommen.« – »Ich will aber kein anderes als gerade dieses«, sagte MacPhie. »Wenn du fest entschlossen bist, kein anderes als dieses zu nehmen«, sagte der Mann, »so wird es dir nur einen einzigen Tag Dienst tun, aber diesen Dienst wird es gut tun. Komm nur wieder her nach einer Weile, und du sollst den Hund haben.«

MacPhie stellte sich an dem Abend, an dem er versprochen hatte zu kommen, wieder bei ihnen ein. Sie übergaben ihm den Hund. »Gib gut acht auf ihn«, sagte der alte Mann, »er wird dir nur an einem einzigen Tag Dienst tun.«

Das schwarze Hündchen wuchs zu einem schönen Welpen heran, so daß niemand je zuvor einen so großen und schönen Hund gesehen hatte. Wenn nun MacPhie auf Jagd gehen wollte, pflegte er den Schwarzen Hund zu rufen, und der Schwarze Hund lief mit bis zur Tür, drehte dann um und legte sich wieder auf seinen Platz. Die Edelleute, die in MacPhies Haus kamen, setzten ihm zu, den Schwarzen Hund doch zu töten, denn er sei ja sein Futter nicht wert. MacPhie aber sagte, sie sollten ihn in Ruhe lassen, denn der Tag des Schwarzen Hundes wäre noch nicht gekommen.

Einige Zeit später kam eine Schar von Edelleuten von Islay herüber, um MacPhie zu besuchen und ihn einzuladen, mit ihnen zum Jagen nach Jura zu gehen. Jura war zu der Zeit eine Wildnis, kein Mensch lebte auf der Insel, und es gab in der ganzen Welt keinen Ort, wo man so gut Hirsche und Rehe jagen konnte. Es war dort eine Stelle, wo die Herren, die zum Jagen hinüberfuhren, gewöhnlich über Nacht blieben, die wurde die Große Höhle genannt. Ein Boot wurde fertig gemacht, um noch am gleichen Tag die Edelleute über den Sund zu fahren. MacPhie erhob sich, um zum Strand hinunterzugehen, und siebzehn junge Edelleute waren bei ihm. Jeder von ihnen rief den Schwarzen Hund, und der lief mit bis zur Tür, dann drehte er wieder um und legte sich auf den Platz, wo er vorher gelegen hatte. »Schieße ihn doch tot«, sagten die jungen Edelleute. »Nein«, sagte er, »noch ist der Tag des Schwarzen Hundes nicht gekommen.« Sie gingen hinunter zum Strand, doch ein Wind erhob sich, und sie konnten an dem Tag nicht hinübersegeln. Am nächsten Tag machten sie sich wieder fertig; der Schwarze Hund wurde gerufen, er lief bis zur Tür und ging wieder zurück, dorthin, wo er vorher gewesen war. »Töte ihn doch«, sagten die Edelleute, »und füttere ihn nicht länger.« – »Ich werde ihn nicht töten«, sagte MacPhie, »der Tag des Schwarzen Hundes wird erst kommen.« Aber es gelang ihnen auch an diesem Tage nicht, über den Sund zu kommen, der Wind war so heftig, daß sie umkehren mußten. »Der Hund hat Vorahnungen«, sagten die Edelleute. »Er weiß voraus, daß sein Tag erst kommt«, sagte MacPhie.

Am dritten Tag war das Wetter herrlich. Sie machten sich auf den Weg zum Hafen, doch sagten sie an diesem Tag keine Silbe zu dem Schwarzen Hund. Sie ließen das Boot ins Wasser, um loszufahren. Einer der Edelleute sah noch einmal zurück und sagte, der Schwarze Hund käme angerannt, und er habe niemals vorher eine Kreatur von solcher Wildheit und Fürchterlichkeit gesehen. Der Hund machte einen Satz und war der erste im Boot. »Der Tag des Schwarzen Hundes scheint nicht mehr fern zu sein«, sagte MacPhie. Sie nahmen zu essen mit und Vorräte aller Art und Decken für das Lager und gingen in Jura an Land. Sie verbrachten die Nacht in der Großen Höhle; und am nächsten Tag zogen sie aus, um auf Hirsche zu jagen. Spät am Abend kamen sie heim, sie bereiteten das Abendessen, sie hatten ein tüchtiges Feuer in der Höhle und genügend Licht. Nun war da ein großes Loch genau in der Mitte der Höhlendecke, durch das ein Mann wohl eben hätte durchschlüpfen können. Als sie ihre Abendmahlzeit eingenommen hatten, streckten sich die Edelleute auf ihr Lager. MacPhie stand auf und trat ans Feuer, um sich die Fußsohlen zu wärmen. Die jungen Leute meinten, ein jeder von ihnen, er wünsche nur, daß seine Liebste heute nacht hier bei ihm wäre, denn dann ginge es ihm noch mal so gut. »Nun«, sagte MacPhie, »mir ist es lieber, wenn ich meine Frau in ihrem eigenen Hause weiß; es reicht mir durchaus, daß ich selbst heute nacht hier bin.«

MacPhie warf einen Blick um sich und sah sechzehn Frauen beim Eingang der Höhle hereinkommen. Das Licht ging aus bis auf den Schein, der vom Feuer kam. Die Frauen gingen dorthin, wo die Edelleute auf ihren Lagern waren. MacPhie konnte nicht das kleinste Bißchen sehen wegen der Dunkelheit, die sich über die ganze Höhle verbreitete; auch hörte er keinen Laut von den Männern hinten. Die Frauen standen wieder auf, und eine von ihnen sah MacPhie an. Sie stand ihm gegenüber, so als wollte sie einen Angriff auf ihn machen. Der Schwarze Hund erhob sich, und wie er da stand mit gesträubtem Haar, war er ein furchtbarer Anblick; er machte einen Satz auf sie zu; da drängten alle zur Tür, und der Schwarze Hund verfolgte sie bis zum Ausgang der Höhle. Als sie fort waren, kehrte er zurück und legte sich zu MacPhies Füßen. Ein Weilchen danach hörte MacPhie ein Knacken und Knirschen von der Decke der Höhle, so daß er dachte, die Decke müßte ihm gleich auf den Kopf fallen. Er sah in die Höhe und bemerkte die Hand eines Mannes, die sich aus dem Loch in der Mitte herausschob, als ob sie ihn fangen wolle und durch das Loch nach oben ziehen. Der Schwarze Hund machte einen einzigen riesigen Satz, packte den Arm zwischen Schulter und Ellbogen und warf sich darüber hin. Der Kampf begann zwischen dem Arm und dem Schwarzen Hund. Bevor der Schwarze Hund jedoch losließ, biß er den Arm durch, so daß die Hand auf den Boden fiel. Darauf verzog sich das Wesen, das über der Decke der Höhle gewesen war, und MacPhie dachte wiederum, die Höhle würde auf ihn herunterstürzen. Der Schwarze Hund aber schoß heraus und jagte dem Geschöpf draußen nach. MacPhie fühlte sich nicht gerade sehr behaglich, wie der Schwarze Hund ihn verlassen hatte. Als der Morgen dämmerte, wen sah er zurückkommen, es war niemand anders als der Schwarze Hund. Er legte sich neben MacPhie auf den Boden. Ein paar Minuten später war er tot.

Als es ganz hell geworden war, sah MacPhie nach, und er fand nicht einen von allen Männern, die mit ihm in der Höhle waren, mehr am Leben. Er nahm die Hand mit und ging zum Strand, wo das Boot lag. Er ging an Bord, er fuhr heim nach Colonsay, und kein Hund und kein Mann begleiteten ihn. Er nahm die Hand mit hinauf, damit die Leute sehen sollten, was für Schrecknisse er hatte ausstehen müssen in jener Nacht, die er in der Höhle verbracht hatte. Kein Mensch in Islay oder Colonsay hatte jemals eine solche Hand gesehen oder auch nur gedacht, daß es eine solche überhaupt geben könne.

Nichts anderes blieb mehr zu tun, als ein Boot nach Jura zu schicken, um die Leichen, die in der Höhle waren, heimzuholen. Und so endete der Tag des Schwarzen Hundes.

Fionn Mac Cuail und der Krumme

Fionn und seine Männer waren in Eirinn und zogen oft aus zum Jagen. Doch das Wild war zu der Zeit selten und schwer aufzuspüren. Eines Tages zogen sie wieder aus, und diesmal machten sie reiche Beute. Sie kehrten am Abend heim, beladen mit einer Menge Wildbret und mit einer großen Last Holz, um Feuer zu machen und das Wildbret zu braten. Ein heftiger Hagelschauer überfiel sie, so daß sie Schutz suchen mußten hinter einer Mauer. Als der Schauer vorüber war, sahen sie den krummen grauen Kerl auf sich zukommen. Er war barhäuptig und barfüßig. Der Nagel der großen Zehe seines rechten Fußes war sieben Zoll lang, und er hatte einen Strick unter dem Arm. Er sagte zu Fionn Mac Cuail: »Sei gegrüßt«, und Fionn sagte: »Sei auch du gegrüßt, krummer grauer Kerl. Wo kommst du her?«

»Von jedem Ort, wo ich je gewesen bin, ob ich nun von hier wegkomme oder nicht«, sagte der krumme graue Kerl.

Fionn sagte darauf zu ihm: »Bist du nun einer, der Ringkampf oder Kampf mit Waffen sucht, oder bist du einer, der einen Herrn sucht?«

Der krumme graue Kerl sagte: »Ich bin einer, der einen guten Herrn sucht, sofern er einen solchen finden kann.«

Fionn sagte: »Ich kann einen Diener brauchen und will dich nehmen, wenn du dich mir verdingen willst.«

»Ich will mich dir verdingen«, sagte der krumme graue Kerl.

Fionn fragte ihn: »Zu welchen Arbeiten bist du geschickt?« – »Ich kann Lasten tragen und Feuer machen.«

Fionn sagte: »Nie haben die Fenier jemanden wie dich nötiger gebraucht als heute. Welchen Lohn verlangst du für ein Jahr und einen Tag?«

Der Mann sagte: »Der Lohn, den ich verlange, ist, daß ich am selben Tisch mit dir sitzen darf.«

Fionn sagte: »Wenn du dich dessen nicht wert erweist, so müßtest du wahrlich sehr schlecht sein. Gewiß hast du oft von Fionn Mac Cuail gehört. Der Mann bin ich.«

»Ich habe von ihm gehört«, sagte der krumme Graue, »und es ist mir eine große Ehre, daß ich am selben Tisch mit ihm sitzen darf.« Und so trat er in Fionns Dienste.

Fionn sagte zu ihm: »Du sollst jetzt meine Männer ablösen und ihre Lasten umschichtig tragen, denn sie sind müde.«

»Das will ich tun«, sagte der Mann. Er nahm daraufhin den Strick, den er unter dem Arm gehabt hatte, legte ihn auf den Boden und rief: »Jeder, der müde ist, kann seine Last hierher legen.«

Einer von Fionns Männern sprach: »Ich bin müde«, und legte seine Last auf den Strick. Der Bursche rief: »Wenn noch einer müde ist, so soll er seine Last hierher legen.« Ein zweiter rief: »Ich bin müde«, und legte seine Last auf den Strick. Der Bursche rief wieder, ob noch jemand müde sei, dann solle er seine Last auf den Strick legen; und ein dritter Mann legte seine Last auf den Strick. Darauf faßte der krumme graue Kerl den Strick und zog ihn aus, bis er doppelt so lang war wie vorher; und alle ihre Lasten wurden darauf gelegt. Er faßte die Strickenden und schnürte alles fest und gut zusammen, dann sagte er zu Fionn: »Komm her und hebe die Last auf meinen Rücken.«

»Die Last ist zu schwer«, sagte Fionn. »Ich kann sie nicht heben.«

»Oho«, sagte der Bursche, »es heißt doch von euch, daß ihr starke Männer seid, und deshalb erstaunt es mich sehr, daß du die Last nicht auf meinen Rücken heben kannst.« Jetzt packte er selber den Strick und warf die Last mit einem Ruck auf seinen Rücken. Darauf sagte er zu Fionn: »Wo soll ich das Feuer anlegen?«

»Auf dem Ben Eidinn«, antwortete Fionn.

Der krumme graue Kerl sagte zu Fionn: »Es ist besser, wenn du vorausgehst und mir den Weg zeigst, da du ihn kennst.« Fionn ging voraus. Der Nagel der großen Zehe von des Burschen rechtem Fuß war so lang, daß er Fionns Kleider zerriß, und so schnell stürmte er vorwärts, daß Fionn nicht aus dem Wege gehen konnte. Da sagte der Bursche zu Fionn: »Es ist besser, wenn du mich vorausgehen läßt, denn ich habe dir weh getan.«

Fionn sagte: »Ich bin ganz einverstanden mit deinem Vorschlag.« Der lange Kerl ging also hin und setzte sich an die Spitze. Da war einer von den Feniern, der hieß Caoilte, der war der schnellste von allen, aber so schnell er auch war, er konnte den langen Kerl nicht überholen. Der gelangte zum Ben Eidinn, zündete ein Feuer an, tat das Wildbret in den Kessel, und es kochte schon, ehe Caoilte eintraf. Bevor alle die Männer ankamen, war das Fleisch gar; und der Anteil von jeweils zwei oder drei Mann war zusammengelegt. Und dann hielten sie ihre Mahlzeit und aßen vom Wildbret und von der Tunke.

Fionn hatte einen kleinen jämmerlichen Burschen unter seinen Männern mit Namen Conan, der ärgerte sich über alles und jedes. Conan stand auf und sagte: »Ich will nicht länger leben, wenn der krumme Graue mit meinem großen König am selben Tisch sitzen und mit ihm trinken soll einen Tag und ein Jahr lang.«

Fionn sagte zu ihm: »Still! du elendes Geschöpf; halte deinen Mund, immer ärgerst du dich über alles und jedes; es ist der ausgemachte Lohn des krummen grauen Kerls, den muß er bekommen und den hat er wahrlich verdient. Der Mann kann Taten tun, die ihr alle zusammen nicht tun könnt.« – »Wenn es so nicht geht, dann eben anders«, sagte Conan. »Ich will dir sagen, Fionn Mac Cuail, was wir mit ihm machen wollen.«

Fionn sagte: »Ich finde es schmählich, ihn wegzuschicken, da er doch heute erst zu uns gekommen ist. Auch habe ich noch nie einen Diener gehabt, der solche Dinge verrichten konnte wie er. Was hast du mit ihm vor?«

Conan sagte: »Wir wollen ihn nach Lochlann schicken, um den vierkantigen Becher der Fenier zu holen. Du weißt ja selbst, daß der König von Lochlann ihn uns vor sieben Jahren weggenommen hat und immer wieder verspricht, ihn zurückzusenden. Wir haben manchen heißen Kampf ausgefochten, um ihn wiederzuerlangen; aber alle unsere Mühen waren vergeblich. Wir wollen den krummen grauen Kerl nach dem Becher schicken, und ich weiß, daß er nicht mit dem Leben davonkommen wird.«

»Das wollen wir machen«, sagte Fionn. So sprach er zu dem krummen grauen Kerl: »Ich werde dich mit einem Auftrag ausschicken!«

»Was ist das für ein Auftrag?« fragte der Bursche.

»Du sollst«, sagte Fionn, »den vierkantigen Becher der Fenier holen.«

Der Bursche sagte: »Manchen Tag habt ihr selbst gekämpft, um ihn wiederzuerlangen; doch es war immer vergebens. Ihr scheint eine hohe Meinung von mir zu haben! Wer hat den Becher?«

Fionn erwiderte: »Der König von Lochlann hat ihn, und vielleicht hat er sich aufgemacht, ihn zurückzubringen, und du triffst ihn unterwegs.« Darauf legten sie sich zur Ruhe in ihren Zelten auf dem Ben Eidinn. Bei Tagesanbruch stand der krumme graue Kerl auf und zog seine Kleider an und ging fort. Die Reise nach Lochlann gelang ihm ohne Zwischenfälle; er kam tief in der Nacht beim Palast des Königs an und schlug mit der flachen Hand an die Tür. Der Türhüter fragte ihn: »Wer bist du?«

Er sagte: »Ich bin ein guter Kerzenträger.«

Der Türhüter ging und meldete dem König, daß ein Kerzenträger an der Türe sei. Der König sagte: »Das ist gut. Denn heute hat unser Kerzenträger uns verlassen. Laß den Mann herein.« Der Türhüter ließ ihn ein und brachte ihn in den Saal, wo der König und die Edelleute waren. Darauf bekam er eine Kerze in die Hand. Die Edelleute aßen und tranken dort, und als der krumme graue Kerl es müde wurde, die Kerze zu halten, sagte er: »Ich bin gesessen und gestanden am Hof manch eines Königs und manch eines Ritters, aber niemals bin ich an einem Hof gewesen, wo es so unhöflich zuging wie an dem des Königs von Lochlann.«

Der König von Lochlann erwiderte: »Welche Unhöflichkeit findest du an meinem Hof?«

»Das will ich dir sagen«, sprach er. »Ihr eßt und trinkt, solange ich im Saale bin, und habt den Kerzenträger nicht ein einziges Mal gefragt, ob er auch schon Essen und Trinken gehabt hat.«

»Das ist wahr«, sagte der König. »Du hast recht, gebt ihm einen Trunk.«

Sie gaben ihm den vierkantigen Becher der Fenier, aber es war nicht ein Tropfen darinnen. Der lange Kerl sagte: »Das ist nun die größte Unhöflichkeit von allen, einem Mann ein leeres Trinkgefäß zu geben.«

Der König erwiderte: »Das ist der vierkantige Becher der Fenier, und jeder Trank, den du dir wünschst, wird sogleich darinnen sein.« Er dachte, er solle mit Wasser gefüllt sein. Als das Wasser darin war, stieß er die Kerze hinein und löschte sie aus. Dann stürzte er zur Tür, packte den Türhüter bei den Fußgelenken und zerschlug seinen Schädel am Türpfosten. Er rannte schnell davon und die Verfolger hinter ihm her. Aber alle Männer in Lochlann konnten ihn nicht einholen. Er machte sich dann auf den Weg nach Eirinn. Nachdem er in Eirinn gelandet war, ging er zum Ben Eirinn, wo Fionn und seine Männer waren. Als er beinahe da war, wer trat ihm entgegen, wenn nicht Conan!

»Du bist also wieder da«, sagte Conan, »und wirst recht geschwollen sein vor Stolz. Hast du denn den Becher mitgebracht?«

»Ja, den habe ich bei mir«, sagte der Bursche, »und wenn ich ihn nicht hätte, bekämet ihr ihn nie.«

Conan sagte: »Du und ich, wir sollten versuchen, wer von uns beiden am weitesten springen kann.«

Der Bursche sagte: »Ich bin genug gesprungen und dessen ziemlich müde, seit wir uns zuletzt sahen. Aber wo sollen wir hingehen zum Springen?«

Conan sagte: »Es gibt hier oben einen kleinen See, und wir wollen versuchen, wer von uns am besten darüberspringt.«

Als sie zu dem See kamen, sagte der lange Kerl: »Spring du zuerst, daß ich sehen kann, wie du die Sache anfängst.«

Da nahm Conan einen großen Anlauf und sprang, aber er kam nicht weiter als bis zur Mitte des Sees, und es war nicht mehr von ihm über Wasser zu sehen als nur der Kopf. Dann sprang der lange Kerl, und mitten im Sprung packte er Conan bei den Haaren und brachte ihn auf der andern Seite an Land.

»Ach!« sagte Conan, »wenn meine Füße nicht ausgerutscht wären, hätte ich bestimmt einen so guten Sprung getan wie du. Du und ich, wir sollten einen Ringkampf machen.« Sie gingen aufeinander los, und der lange Kerl warf Conan nieder.

»Wenn meine Füße nicht ausgerutscht wären, hättest du mich nicht zu Boden gebracht, aber wir wollen es noch einmal versuchen.« Wieder gingen sie aufeinander los, und der lange Kerl warf Conan nieder, band ihn an Händen und Füßen mit einem Seil und ließ ihn da liegen. Darauf ging er zu Fionn Mac Cuail, gab ihm den Becher und sagte: »Da du ihn nun wieder in Händen hast, bewahre ihn gut. Ich nämlich werde dich jetzt verlassen und will nicht länger bei dir bleiben.«

Fionn sagte: »Ich will nicht, daß wir so auseinandergehen.«

Der lange Kerl sagte: »Ich will nicht bleiben, was du mir

auch bieten magst, denn wenn mich auch nichts forttriebe als Conan, so kann ich es eben doch nicht aushalten mit ihm.« Also sagte er dem König Lebewohl und ging von dannen.

Danach verließen Fionn und seine Männer den Ben Eidinn, kamen ans Meer und schlugen Zelte auf in der Nähe eines Waldes, wo sie ohne Mühe Holz für das Feuer holen konnten.

Wie nun Fionn eines Tages am Strand entlang wanderte, sah er ein Boot auf die Küste zulaufen. Es wurde von einem einzelnen Mann gerudert, der aufrecht darin stand und sagte: »Gegrüßet seist du, Fionn Mac Cuail.«

Fionn antwortete und sprach: »Wenn du nur Fionn Mac Cuail vor dir hättest! Ich bin nicht einmal wert, als sein Diener seine Schuhe zu putzen.«

Der Mann im Boot sagte: »Du bist Fionn Mac Cuail. Ich habe hier einen Spiegel; und du mußt hineinschauen, denn das einzige Bild, das darin erscheinen wird, ist das von Fionn Mac Cuail.« Er stieg aus dem Boot und ging zu Fionn, ließ ihn in den Spiegel sehen und sein Bild erschien darin. »Du selbst bist Zeuge, daß du Fionn Mac Cuail bist«, sagte der Mann.

»Ich kann es nicht leugnen«, sagte Fionn. – »Du sollst heute abend mein Gast sein, mit mir feiern und bei mir wohnen«, sagte der Mann.

Fionn sagte zu ihm: »Wo ist deine Wohnung?«

Der Mann antwortete: »Du bist doch ein kluger Mann und kannst das selbst herausfinden«, dann stieß er das Boot mit den Rudern ab und fuhr hinaus aufs offene Meer. Fionn wanderte weiter am Strand entlang und sah sieben Burschen nackt und bloß bis auf ihre Hemden ihm entgegenkommen. Er sagte zu ihnen: »Seid gegrüßt, ihr jungen Burschen«, und sie sagten zu ihm: »Sei gegrüßt auch du.«

Fionn fragte sie, wohin sie gingen; und sie antworteten, daß sie ausgezogen seien, sich einen Dienst zu suchen. Er fragte, welches Handwerk sie trieben; und sie sagten, daß jeder von ihnen ein besonderes Handwerk habe. Fionn sagte zu dem ersten von ihnen: »Welches Handwerk treibst du?« Der Bursche antwortete: »Ich bin ein Zimmermann.« Fionn sagte zu ihm: »Auf welche Art Zimmermannswerk verstehst du dich am besten?« Der Bursche antwortete: »Ich kann ein Schiff machen, so gut wie nur je eines die Meere befuhr, wenn ich dreimal mit der Spitze meines Schuhs auf einen Erlenstecken trete.« Fionn sagte: »Das ist sehr gut, du brauchst nicht weiterzugehen, einen Herrn zu suchen. Ich will dich selbst in Dienst nehmen.« Fionn sagte zum zweiten: »Welches Handwerk treibst du?« Der Bursche sagte: »Ich bin Wahrsager.« Fionn fragte: »Was kannst du weissagen?« Der Bursche antwortete: »Ich kann weissagen, was geschehen und was nicht geschehen ist.« Fionn sprach zu ihm: »Du brauchst nicht weiterzugehen, dir einen Herrn zu suchen. Ich will dich selber nehmen.« Fionn sagte zum dritten: »Welches Handwerk treibst du?« Der Bursche antwortete: »Ich bin ein guter Fährtensucher!« Fionn sagte zu ihm: »Auf welche Fährten verstehst du dich am besten?« Der Bursche antwortete: »Ich kann die Spur einer Ente verfolgen, die durch drei Gezeiten schwimmt.« Fionn sagte: »Du brauchst nicht weiterzugehen. Ich will dich selbst nehmen.« Fionn sagte zum vierten: »Welches Handwerk treibst du?« Der Bursche antwortete: »Ich bin ein gelernter Dieb.« Fionn sagte: »Auf welche Art Diebstahl verstehst du dich am besten?« – »Ich kann dem Kranich ein Ei aus dem Nest stehlen, wenn er auch mit beiden Augen auf das Ei schaut«, sagte der Bursche. »Gut! Du bist ein Meister!« sagte Fionn. »Ich werde wohl auch eine Beschäftigung für einen Dieb finden, so daß du nicht weiterzugehen brauchst, dir einen Herrn zu suchen. Ich will dich selbst nehmen.« Fionn sagte zu dem fünften Burschen: »Welches Handwerk treibst du?« Der Bursche antwortete: »Ich kann gut klettern.« – »In welcher Art Klettern bist du am besten?« sagte Fionn. »Ich kann eine Burgmauer erklettern, wenn sie auch eine Meile hoch ist und mit Aalhaut überzogen.« – »Ich will auch dich nehmen«, sagte Fionn, »du brauchst nicht weiterzugehen.« Fionn sagte zum sechsten: »Was für ein Handwerk treibst du?« – »Ich bin«, sagte er, »ein guter Schütze mit Pfeil und Bogen.« Fionn sagte zu ihm: »Was für eine Schießkunst verstehst du am besten?« – »Ich kann ein Ei in die Spitze treffen«, antwortete der Bursche, »wenn es auch dreihundert Ellen entfernt wäre.« Fionn sagte zu ihm: »Du brauchst nicht weiterzugehen, ich will dich selbst nehmen.« Dann sagte Fionn zum siebenten: »Was für ein Handwerk treibst du?« Der Bursche sagte: »Ich bin ein Mann, der alles, was er packt, festhält. Ich lasse nie los, was ich einmal halte, wie groß auch immer die Kraft sein mag, die sich mir entgegenstemmt.« Fionn sagte: »Ich will dich nehmen«, und dann sagte er zu ihnen allen: »Wenn ihr je von Fionn Mac Cuail gehört habt, so bin ich der Mann!« – »Wir haben von ihm gehört, vor langer Zeit«, sagten sie. »Und es ist eine große Ehre für uns, in Dienst zu treten bei Fionn Mac Cuail.«

Darauf sprach Fionn zu dem Wahrsager: »Willst du mir sagen, wer der Mann in dem Boot war, der heute mit mir gesprochen hat?« Der Wahrsager antwortete: »Das ist ein großer König.« Fionn sagte darauf: »Was will er von mir?« Der Wahrsager sprach: »Sein Weib wird heute nacht niederkommen und einen Sohn gebären. Sie hat früher schon drei Kinder bekommen, aber sie wurden ihr geraubt; und dem König wurde gesagt, daß kein Kind, das sie je bekommt, ihnen bleiben wird, bis er Fionn und seine sieben Burschen zu sich holen kann, um die Mutter in dieser Nacht zu bewachen. Das ist der Grund, warum sie dich brauchen, und du mußt noch heute abend dort sein.«

Darauf sprach Fionn zu dem Zimmermann: »Geh und mache ein Schiff, so schnell du kannst.« Der Zimmermann ging zum Wald, schnitt einen großen Erlenstecken ab, trug ihn auf seiner Schulter und legte ihn am Strand nieder, an der Marke des höchsten Wasserstandes. Er gab ihm drei Stöße mit der Spitze seines Schuhs und machte ein Schiff daraus. Dann wurde das Schiff hinaus aufs Meer gebracht, und der Zimmermann machte ein Steuer für sein Heck und Takelwerk für die Mitte, und Fionn und seine sieben Burschen gingen an Bord. Sie hißten die gefleckten aufragenden Segel an dem schlanken, zähen, pfeilgeraden Mast, der kein Tau ungespannt, kein Wasserbord ungestrafft ließ. Die braune gewendelte Schnecke, die sieben Jahre am Grund des Meeres gelegen hatte, zersprang knirschend unter seinem Dollbord und krachend unter seinem Kiel. Aale schwammen ringsum mit schlängelnden Bewegungen. Die größeren Tiere fraßen die kleineren, und die kleineren Tiere retteten sich so gut sie konnten. Und es erhob sich ein leichter Wind, wie sie ihn sich nur wünschen mochten, eine angenehme Brise, die das Heidekraut vom Hügel, Laub von den Waldbäumen und junge Weiden von Grund und Wurzel reißen konnte. Einen Halm Hafer, der nicht letztes Jahr gepflanzt noch dieses Jahr geerntet war, hätte das Schiff mit dem Bug durchschnitten, so gut war es gesteuert. Große Masten wurden gebückt und neue Segel zerstückt, während es das platschende, klatschende, lichtblaue, lichtgrüne und lichtrosa Meer des Nordlandes durchpflügte. Sie gelangten nach Lochlann, zogen das Schiff an Land und gingen hinauf zum Palast des Königs. Der König von Lochlann kam heraus, um Fionn zu begrüßen, hieß ihn herzlich willkommen und sagte zu ihm: »Du hast recht getan zu kommen.« Er nahm ihn dann mit in sein Schloß, wo eine Tafel für ihn gedeckt wurde, auf der alle Art Speisen standen. Sie verbrachten die Nacht, so gut sie konnten, bis die Königin niederkam und einen Sohn gebar. Fionn und seine sieben Burschen wurden bestellt, sie zu bewachen.

Da kam die süßeste Musik, die sie je gehört hatten, über sie und senkte sie alle in Schlaf. Fionn selbst war nahe daran, in Schlaf zu fallen, und er wußte nicht, was er machen sollte. Schließlich hielt er das Schüreisen ins Feuer, machte es tüchtig heiß und stellte es unter sein Kinn, so daß er, wenn sein Kopf nach vorne fiel, an das Schüreisen stieß, und das hielt ihn wach. Wie er nun um sich schaute, sah er eine riesige Hand vom Dach des Saales herunterkommen, geradewegs auf das Kind der Königin zu, um es wegzutragen. Fionn rief: »Schläfst du, Festhalter?«

Der Festhalter rief: »Ich bin schon wieder wach.«

Fionn sagte zu ihm: »Wenn du jemals festgehalten hast, so halte jetzt fest.«

Der Festhalter sprang auf, ergriff die Hand am Gelenk, und die Hand zog ihn herauf bis unter das Dach des Saales. Er stemmte seine Füße fest gegen das Dach und zog die Hand herunter, bis sein Rücken auf den Boden schlug. Er zog zum zweitenmal daran und riß sie von der Schulter. Und wenn sie zuvor von süßer Musik in Schlaf versenkt worden waren, so wurden sie jetzt von schrecklichem Schreien und Kreischen aufgeweckt. Alle im Haus standen auf, und Lustbarkeit und großes Feiern hob an und dauerte fort bis Tagesanbruch. Sie hatten zu essen und zu trinken in Hülle und Fülle zum Frühmahl am nächsten Tage, und der König sagte zu Fionn: »Welchen Lohn verlangst du von mir?«

Fionn sagte: »Ich verlange keinen anderen Lohn als ein gutes Schwert.«

»Das will ich dir geben«, sagte der König. Er führte ihn in seine Waffenkammer und sagte zu ihm, daß er jedes Schwert, das er sich hier auswähle, haben könne. Fionn nahm die Schwerter eines nach dem andern in die Hand und versuchte sie, aber er fand keines, das ihm gefiel. Da holte der König seines Großvaters mächtigen Zweihänder und legte ihn in Fionns Hand. Und Fionn war wohl zufrieden damit. Darauf sagte Fionn zu seinen Burschen: »Sollten wir nun nicht besser heimkehren?« – »Ja«, sagten die Burschen. Sie machten sich also auf zum Strand, schoben das Schiff ins Wasser und legten damit den ganzen langen Weg nach Eirinn zurück; hier gingen sie zu der Stelle, wo die Zelte und die Männer waren. Fionn bezahlte den Burschen ihren Lohn, und sie nahmen Abschied und zogen von dannen.

Fionn Mac Cuail im Reich der Riesen

Fionn und seine Männer waren in dem Hafen am Berge Howth auf einem kleinen Hügel, sie lagen an einer Stelle, wo der Wind sie nicht treffen und die Sonne sie voll bescheinen konnte, wo sie jeden sehen und von keinem gesehen werden konnten, und wie sie da lagen, sahen sie einen kleinen schwarzen Fleck von Westen herankommen. Zuerst dachten sie, es wäre die schwarze Stelle unter einem Regenschauer; aber als der Fleck näher kam, sahen sie, daß es ein Boot war. Seine Segel wurden nicht gerefft, bis es im Hafen war. Drei Männer waren an Bord, einer als Ausguck am Bug, einer als Steuermann am Heck und einer für das Tauwerk in der Mitte. Sie zogen ihr Schiff siebenmal seine eigene Länge hoch im dürren gelben Gras, wo die Klugschwätzer der Stadt es nicht zum Gegenstand für Hohn und Spott machen konnten.

Darauf stiegen sie hinauf zu einem anmutigen grünen Platz, und der erste hob eine Handvoll runder Kiesel auf und sagte, die sollten zu einem schönen Haus werden, wie kein besseres in Irland zu finden sei; und es geschah. Der zweite Mann hob eine Schieferplatte auf und befahl ihr, zu den Dachschiefern oben auf dem Haus zu werden, wie keine besseren in Irland zu finden seien; und es geschah. Der dritte nahm ein Bündel Späne in die Hand und befahl ihnen, Fichtenbretter und -balken im Haus zu werden, wie es in Irland keine besseren gäbe; und das geschah auch.

Darüber verwunderte Fionn sich sehr, er ging hin, wo die Männer waren, um Erkundigungen einzuziehen, und sie gaben ihm Antwort. Er fragte, wo sie her wären oder wo sie hin gingen. Sie sagten: »Wir sind drei Krieger, die der König der Riesen hierhergesandt hat, um die Fenier zum Kampf herauszufordern.«

Fionn fragte darauf, warum er das getan habe und was überhaupt der Zweck ihres Kommens sei. Sie sagten, das wüßten sie nicht, aber sie hätten gehört, daß die Fenier starke Männer seien, und deshalb seien sie gekommen, um ihre Helden zum Kampf herauszufordern. »Ist Fionn zu Hause?« – »Nein, er ist nicht zu Hause.« (Stark ist in jedem Mann der Trieb, sein Leben zu bewahren.)

Fionn stellte sie darauf unter Kreuze und Bannsprüche und Zauberformeln, so daß sie sich nicht von dem Ort, wo sie waren, wegrühren konnten, bis sie ihn wiedersahen.

Er ging fort und machte sein Langboot fertig, wandte das Heck zum Land, den Bug zur See und hißte die gefleckten, ragenden Segel am langen, festen, lanzenschlanken Mast. Das Schiff durchfurchte die Wogen in der Umarmung des Windes, der in Wirbeln herabkam, mit einer leichten und sanften Brise von der Höhe der Küste und mit der jähen Sturmwoge von den roten Felsen, welche Weidensträucher von den Bergen reißt, Laub von den Bäumen und Heidekraut von Stamm und Wurzeln. Fionn war Ausguck am Bug, Steuer am Heck und Tauwerk in der Mitte, und er gönnte weder seinem Kopf noch seinem Fuß Ruhe, bis er in das Königreich der Riesenmenschen gelangte. Er ging an Land und zog sein Langboot an Land ins dürre Gras. Er ging hinauf, und ein riesiger Wandersmann begegnete ihm. Fionn fragte ihn, wer er sei.

»Ich bin der rothaarige Feigling aus dem Gefolge des Königs der Riesenmenschen. Und du«, sagte er zu Fionn, »bist gerade das, wonach ich auf der Suche bin! Die größte Hochachtung und Wertschätzung habe ich für dich. Du bist das niedlichste Mägdelein, das ich je gesehen habe, du wirst einen richtigen Zwerg abgeben für den König, und dein Hund Bran den richtigen Schoßhund. Lange schon geht dem König ein Zwerg und ein Schoßhund ab.«

So nahm er Fionn mit; und ein anderer Riesenmann begegnete ihnen, und er wollte dem ersten Fionn wegnehmen.

Die beiden Riesen kämpften miteinander; aber nachdem sie sich gegenseitig die Kleider zerrissen hatten, überließen sie Fionn die Entscheidung, mit wem er gehen wolle. Er wählte den ersten.

Dieser nahm Fionn mit zum Palast des Königs, und dessen angesehenste und vornehmste Edelleute kamen alle herbei, um den kleinen Mann zu sehen. Der König hob ihn auf seine flache Hand und ging dreimal um die ganze Stadt, Fionn auf der einen und Bran auf der anderen Hand. Er machte ihm eine Schlafstätte am Fußende seines eigenen Bettes. Fionn wartete, paßte auf und beobachtete alles, was im Hause vor sich ging. Er hatte bald heraus, daß der König, sobald es Nacht wurde, aufstand und hinausging und nicht eher als bei Tagesanbruch zurückkam. Darüber verwunderte er sich sehr, bis er schließlich den König fragte, warum er jede Nacht wegginge und die Königin allein ließe. »Warum fragst du?« sagte der König. »Nur um meine Neugierde zu befriedigen«, sagte Fionn, »denn ich habe mich sehr darüber verwundert.«

Nun hatte der König Fionn sehr liebgewonnen, er hatte noch nie an einem Geschöpf so viel Freude gehabt wie an ihm, so erzählte er ihm schließlich alles. »Ein riesiges Ungeheuer«, sagte er, »will meine Tochter zur Frau und die Hälfte meines Königreiches für sich; und es gibt keinen anderen Mann im Königreich, der ihm entgegentreten könnte außer mir; und so muß ich jede Nacht ausziehen, um mit ihm zu kämpfen.« – »Gibt es«, sagte Fionn, »wirklich keinen Mann, der mit ihm kämpfen kann außer Euch?« – »Es gibt keinen«, sagte der König, »nicht einen, der sich mit ihm schlüge, und sei es auch nur für eine einzige Nacht.« – »Es ist ein Jammer«, sagte Fionn, »daß dies das Königreich der Riesen genannt wird. Ist er größer als Ihr?« – »Kümmre dich nicht weiter darum«, sagte der König. – »Ich will mich aber darum kümmern«, sagte Fionn. »Legt Euch zur Ruhe, und schlaft heute nacht, und ich werde ihm entgegentreten.« – »Ausgerechnet du?« sagte der König. »Du könntest nicht einmal einen halben Streich gegen ihn führen!«

Als die Nacht kam und alle zur Ruhe gingen, wollte sich der König wie gewöhnlich aufmachen, aber Fionn erreichte es schließlich doch, daß er ihm erlaubte, an seiner Statt zu gehen. »Ich werde ihn überwinden«, sagte er, »es sei denn, er wüßte ein Zaubermittel.«

»Es scheint mir doch recht zweifelhaft, ob ich dich gehen lassen sollte, da ich doch weiß, daß er mir selbst genug zu schaffen macht.«

»Schlaft nur ruhig heute nacht«, sagte Fionn, »und laßt mich gehen; wenn er mich zu heftig bedrängt, werde ich schleunigst heimkommen.«

Er ging also und kam zu dem Platz, wo der Kampf stattfinden sollte. Er fand dort niemanden vor, und so fing er an, auf und ab zu schreiten. Endlich sah er das Meer heranstürmen wie das Feuer aus vielen Schmelzöfen und wie eine zustoßende Schlange, bis es vor seinen Füßen verebbte. Ein riesiges Ungeheuer kam aus dem Wasser heraus und warf einen Blick auf ihn.

»Was für einen winzigen Fleck sehe ich da?« sagte es – »Das bin ich«, sagte Fionn. – »Was machst du denn hier?« – »Ich bringe eine Botschaft vom König der Riesen. Er ist von großem Schmerz und Kummer heimgesucht, die Königin ist soeben gestorben, und ich bin gekommen, um zu fragen, ob du so gut sein wolltest, für heute nacht heimzugehen, ohne dem Königreich einen Schaden zuzufügen.« – »Das will ich tun«, sagte er, und er ging davon und summte mit rauher Stimme ein Liedchen vor sich hin.

Fionn ging heim und legte sich auf sein Bett, das zu Füßen des königlichen Bettes stand. Als der König erwachte, rief er in großer Besorgnis: »Mein Königreich ist verloren, und mein Zwerg und mein Schoßhund sind erschlagen!« – »Keineswegs«, sagte Fionn. »Ich wenigstens bin noch da, und Ihr habt ungestört schlafen können, was, wie Ihr sagtet, Euch nur allzu selten zuteil würde.« – »Wie hast du es nur fertiggebracht, dem Ungeheuer zu entkommen«, sagte der König, »wo du doch so klein bist, und es mir schon genug zu schaffen macht, obgleich ich doch riesengroß bin?« – »Wenn Ihr auch groß und stark seid«, sagte Fionn, »so bin ich doch flink und behende.«

In der nächsten Nacht wollte der König sich wieder selbst aufmachen; aber Fionn überredete ihn, noch einmal eine Nacht zu schlafen. »Ich werde die Stellung schon für Euch halten, es sei denn, ein besserer als der letzte käme.« – »Er wird dich töten«, sagte der König. »Ich werde mich vorsehen«, sagte Fionn.

So ging er, und wie in der vorigen Nacht sah er auch diesmal niemanden, und er fing wieder an, auf und ab zu gehen. Dann sah er das Meer herankommen wie das Feuer aus den Schmelzöfen und wie eine zustoßende Schlange, und der gleiche riesige Kerl tauchte daraus auf. »So, du bist heute nacht wieder da?« sagte er. »Das bin ich, und auch heute habe ich einen Auftrag. Als die Königin in den Sarg gelegt wurde und der Schlag des Zimmermanns dröhnte, brach dem König vor Kummer das Herz, und so hat das Parlament mich hergeschickt mit der Bitte, du mögest doch auch heute nacht wieder heimgehen, bis sie den König begraben hätten.« Und das Ungeheuer ging auch diese Nacht von dannen, wobei es sein rauhes Liedchen vor sich hinsummte; und Fionn konnte heimgehen.

Am Morgen wachte der König wieder in großer Angst und Unruhe auf und rief laut: »Mein Königreich ist verloren, und mein Zwerg und mein Schoßhund sind erschlagen!« Und er war sehr glücklich, daß Fionn und Bran noch am Leben waren und daß er selbst erquickende Ruhe gefunden hatte, nachdem er so lange ohne Schlaf gewesen war.

Fionn ging auch in der dritten Nacht hin, und alles geschah

wie die anderen Male. Er fand niemanden vor und machte sich wieder daran, auf und ab zu wandern. Er sah das Meer herankommen wie eine zustoßende Schlange, bis es vor ihm verebbte. Das riesige Ungeheuer kam heran. Es sah den kleinen, schwarzen Fleck und fragte, was das für ein Wesen sei und was es wolle. »Ich bin gekommen, um mit dir zu kämpfen«, sagte Fionn.

Fionn und Bran eröffneten den Waffengang. Dann ging Fionn langsam zurück, und der riesige Kerl folgte ihm nach. Fionn rief Bran zu: »Willst du zulassen, daß ich erschlagen werde?«

Bran hatte scharfe Giftkrallen, er sprang zu und traf den riesigen Kerl mit den Giftkrallen aufs Brustbein und riß ihm das Herz und die Lunge heraus. Fionn zog Mac-a-Luin, sein Schwert, schlug ihm damit den Kopf ab und zog diesen auf ein Hanfseil. Dann ging er damit zum Palast des Königs. Er brachte das Haupt in die Küche und legte es hinter die Tür. Am Morgen konnte der Diener die Tür nicht aufbringen. Der König ging selbst hinunter, und er sah etwas gewaltig Großes da liegen. Er packte es oben am Schopf und hob es auf und sah, daß es das riesige Haupt des Ungeheuers war, das ihn so lange Zeit hindurch zum Kampf herausgefordert und ihm den Schlaf geraubt hatte. »Wie ist nur in aller Welt«, sagte er, »dieses Haupt hierhergekommen? Es kann doch nicht mein Zwerg gewesen sein, der das getan hat?« – »Warum denn nicht?« sagte Fionn.

In der nächsten Nacht wollte der König selbst zu der Stätte des Kampfes gehen, »denn ein größerer als der erste wird heute nacht kommen«, sagte er, »und das Königreich wird zerstört und du selbst getötet werden, und das wird mir lange nicht so viel Spaß machen, wie wenn ich dich lebendig bei mir habe.«

Aber Fionn ging trotzdem, und alles geschah wie zuvor, bis ein noch größerer Kerl kam und Rache für seinen erschlagenen Sohn forderte und das halbe Königreich für sich haben wollte, es sei denn, er fände einen ebenbürtigen Gegner. Er und Fionn fingen an zu kämpfen, und Fionn wich zurück. Er sagte zu Bran: »Willst du zulassen, daß er mich tötet?« Bran winselte, und er lief fort und setzte sich hin am Strand. Fionn wich immer weiter zurück, er rief nochmals nach Bran. Bran sprang zu und traf den Riesen mit den Giftkrallen und riß ihm das Herz und die Lunge heraus. Fionn schlug dem Riesen den Kopf ab, nahm ihn mit und ließ ihn vor dem Haus liegen. Der König wachte auf in großer Angst und rief laut: »Mein Königreich ist verloren, und mein Zwerg und mein Schoßhund sind erschlagen!« Fionn erhob sich und sagte: »Sie sind nicht erschlagen«, und des Königs Freude war groß, als er hinausging und das gewaltige Haupt sah, das vor dem Hause lag.

In der nächsten Nacht kam ein riesenhaftes altes Weib an Land, und der einzige Zahn vorne in ihrem Mund war so groß, daß er einen Spinnrocken abgegeben hätte. Sie schlug herausfordernd gegen ihren Schild. »Du hast meinen Sohn und meinen Mann erschlagen«, sagte sie. »Ja, das habe ich«, sagte Fionn.

Sie fielen sich gegenseitig an, und es war für Fionn weit schwieriger, sich vor dem Zahn als vor der Hand des alten Weibes in acht zu nehmen. Als sie ihn beinahe überwältigt hatte, traf Bran sie mit den Giftkrallen und tötete sie, wie er die anderen getötet hatte.

Fionn nahm den Kopf mit und ließ ihn vor dem Haus liegen. Der König erwachte in großer Besorgnis und rief laut: »Mein Königreich ist verloren, und mein Zwerg und mein Schoßhund sind erschlagen!« – »Nein, das sind sie nicht«, gab Fionn zur Antwort.

Als sie nun hinausgingen und das Haupt betrachteten, sagte der König: »Ich und mein Königreich, wir werden von nun an Frieden haben, denn die Mutter der schlimmen Brut ist tot, aber sage mir, wer du bist. Mir ist geweissagt worden, daß es

Fionn Mac Cuail selbst sein werde, der mir einmal zur Hilfe käme, aber er ist wohl eben erst achtzehn Jahre alt. Wer also bist du? Was ist dein Name?«

»Noch nie«, sagte Fionn, »ist einer auf Rinds- oder Roßhaut gestanden, vor dem ich meinen Namen verleugnet hätte. Ich bin Fionn, der Sohn des Cuail, des Sohnes des Looach, des Sohnes des Trein, des Sohnes des Fionn, des Sohnes des Art, des Sohnes des jungen Hochkönigs von Eirinn, und es ist nun an der Zeit für mich heimzugehen. Allerhand Wanderungen abseits von meinem Wege hat es mich gekostet, bis ich in dein Königreich kam; und wisse nun auch den Grund, warum ich kam: Ich wollte herausbringen, welches Unrecht ich dir zugefügt hätte, daß du drei Helden aussandtest, mich zum Kampf herauszufordern und Vernichtung über meine Männer zu bringen.«

»Niemals hast du mir ein Unrecht zugefügt«, sagte der König, »und ich bitte dich tausendmal um Verzeihung. Nicht ich habe die Helden zu dir geschickt. Sie haben nicht die Wahrheit gesagt. Diese drei Männer haben um drei Elfenfrauen geworben, und die gaben ihnen ihre Hemden. Und wenn sie diese Hemden anlegen, so hat jeder von ihnen die Stärke von hundert Männern. Aber jede Nacht müssen sie ihre Hemden ablegen und über die Stuhllehne hängen, und wenn man ihnen dann die Hemden wegnähme, so wären sie am andern Tag nicht stärker als andere Leute.«

Fionn wurde jede Ehrung zuteil, und er bekam alles geschenkt, was der König ihm nur geben konnte; als er abfuhr, gingen der König und die Königin und alle Leute mit hinunter an den Strand, um Abschied von ihm zu nehmen.

Fionn fuhr davon in seinem Langboot und segelte dicht unter Land dahin, als er einen jungen Mann dort laufen sah, der ihn anrief. Fionn fuhr noch dichter auf das Land zu und fragte ihn, was er von ihm wolle. »Ich bin«, sagte der junge Mann, »ein guter Diener, der einen Herrn sucht.« – »Worauf verstehst du dich?« fragte Fionn. »Ich bin«, sagte er, »der beste Wahrsager, den es gibt.« – »Dann spring nur ins Boot«, sagte Fionn. Der Wahrsager sprang hinein, und sie fuhren weiter.

Sie waren noch nicht lange gefahren, als ein anderer junger Mann angelaufen kam. »Ich bin«, sagte er, »ein guter Diener, der einen Herrn sucht.« – »Auf welche Arbeit verstehst du dich?« sagte Fionn. »Ich bin«, sagte er, »ein so guter Dieb wie nur einer.« – »Dann spring nur ins Boot«, und Fionn nahm auch diesen Mann mit.

Darauf sahen sie einen dritten jungen Mann herbeilaufen, der sie laut anrief. Sie fuhren nahe ans Ufer. »Was für ein Mann bist du?« sagte Fionn. »Ich bin«, sagte er, »der beste Kletterer, den es gibt. Ich will gut und gerne hundert Pfund auf meinem Rücken tragen an einer Stelle, wo nicht einmal eine Fliege Fuß fassen könnte an einem ruhigen Sommertag.« – »Spring nur herein«, und so kam dieser auch mit. »Nun habe ich wohl die richtigen Diener zusammen«, sagte Fionn. »Und es scheint, daß ich jetzt für alle Fälle gerüstet bin.«

Sie fuhren los, und weder Kopf noch Fuß gönnten sie Ruhe, bis sie den Hafen vom Berge Howth erreichten. Sie fragten den Wahrsager, was die drei Riesen eben machten. »Sie sind mit dem Abendbrot fertig«, sagte er, »und machen sich daran, ins Bett zu gehen.«

Er fragte ein zweites Mal. »Sie sind«, sagte er, »schon ins Bett gegangen, und ihre Hemden hängen über der Stuhllehne.«

Nach einer Weile fragte Fionn noch einmal. »Was machen die Riesen jetzt?« – »Sie schlafen fest«, sagte der Wahrsager. »Jetzt wäre wohl die beste Gelegenheit für einen Dieb, hinzugehen und die Hemden zu stehlen.« – »Ich stähle sie sofort«, sagte der Dieb, »aber die Türen sind verschlossen, und ich kann nicht hinein.« – »Komm nur«, sagte der Kletterer, »ich nehme dich auf meinen Rücken und bringe dich hinein.« Er nahm ihn auf seinem Rücken mit bis zum Kamin und ließ ihn hinab, und der Dieb stahl die Hemden.

Fionn ging dorthin, wo seine Leute lagerten, und am Morgen kamen sie alle zu dem Hause, in dem die drei Riesen wohnten. Sie schlugen herausfordernd auf ihre Schilder und forderten sie auf, sich zum Kampf zu stellen.

Sie kamen heraus. »Manchen Tag«, sagten sie, »waren wir besser zum Kampf gerüstet als heute.« Und sie gestanden Fionn ein, wie sich alles zugetragen hatte.

»Ihr habt frech und frevelhaft an mir gehandelt«, sagte Fionn. Und dann ließ er sie schwören, daß sie ihm von nun an immer die Treue hielten und jede Tat, zu der er sie aufriefe, bereitwillig auf sich nähmen.

Osean der letzte der Fenier

Osean war ein alter Mann, als die Zeit der Fenier vorüber war, und er wohnte im Hause seiner Tochter. Er war blind und taub und hinkte. In seinem Bauch steckten neun eichene Fleischspeiler, und er aß von dem Zehnten, den Padraig in Eirinn einzog. Sie schrieben damals an dessen Hof die alten Geschichten auf, die Osean ihnen erzählte.

Einmal erlegten sie einen sehr großen Hirsch; sie streiften den Schenkel ab und brachten ihm den Röhrbeinknochen. »Hast du bei den Fenieren je ein Röhrbein gesehen, das dicker war als dieses?«

»Ich habe den Schenkelknochen eines Haselhuhnjungen gesehen, in den dieser ganz und gar hineingegangen wäre.« – »Das sind nichts als Lügen.« Als er das hörte, riß er die Bücher voll Zorn an sich und warf sie ins Feuer. Seine Tochter aber zog sie heraus, drückte die Funken aus und bewahrte sie.

Nun rief Osean voll Zorn einen Fenier herbei, und wäre es der letzte und schlechteste, der sollte sich ihm auf die Brust legen, denn Osean war blind. Er spürte ein Gewicht auf seiner Brust. »Was ist das nur?« – »Das bin ich, MacRuaghadh[1].« – »Was ist das für eine Last, die ich auf meinen Füßen spüre?« – »Das ist der Hund MacBuidheag[2].«

Sie saßen da, bis der Tag kam. Sie standen auf. Er bat den Burschen, ihn zu einer Schlucht zu bringen, die er ihm bezeichnete. Dieser führte ihn zu der Schlucht. Er nahm eine Pfeife aus der Tasche, und er pfiff darauf. »Siehst du irgendetwas, was sich auf jenem Berg bewegt?« – »Ich sehe Hirsche dort.« – »Welche Art Hirsche siehst du?« – »Ich sehe einige magere, graue Tiere.« – »Das sind Nachkommen von Lon Luath, dem schnellen Elch; laß sie laufen. Welche Art siehst du jetzt?« – »Ich sehe welche, die sind dünn und graubraun.« – »Die stammen von Dear dasdanach, dem wilden Roten ab; laß sie laufen. Welche Art siehst du jetzt?« – »Ich sehe welche, die sind rund und glatt.« – »Hetz den Hund auf sie. Hussa hoh!« MacBuidheag schoß los. »Reißt er viele?« – »Das tut er.« – »Gut, wenn du siehst, daß er ein Dutzend gerissen hat, sollst du ihn zurückrufen.«

Als der Bursche dachte, der Hund hätte zwölf Hirsche ge-

1 Der Sohn des Roten
2 Der Sohn des kleinen Gelben

rissen, pfiff er und rief ihn zurück. »Wenn das Hündchen sich am Blute gesättigt hat, so wird es ruhig und manierlich ankommen; wenn er aber noch nicht genug hat, wird er mit aufgesperrtem Maul kommen, und die Zunge wird ihm aus dem Maul hängen.« Er kam mit aufgesperrtem Maul, und die Zunge hing ihm aus dem Maul. »Übel war, was du getan hast, den Hund zurückzurufen, ehe er sich am Blut gesättigt hat. Wenn er kommt, so nimm meine Hand und versuche, sie ihm in den Rachen zu stecken, oder er wird uns zerreißen.«

Der Bursche legte Oseans Hand in des Hundes Rachen, und dieser riß ihm die Kehle heraus. »Komm, trage die Hirsche auf jenem Grashügel zusammen.« Er ging hin und tat es, und es waren neun Hirsche, und das war gerade genug für Osean allein. Der Anteil des Burschen war verloren. »Lege meine beiden Hände auf den grasigen Hügel, der hier sein muß.« Der Bursche tat es, und der große Kessel, den die Fenier immer gebraucht hatten, war darin.

»Mach die Hirsche zurecht und tue sie in den Kessel und zünde Feuer darunter an.« Der Bursche tat es. Als sie zubereitet waren, sagte Osean zu ihm: »Rühre nichts an, bis ich mein Teil zuerst gegessen habe.«

Osean machte sich über die Hirsche her, und jedesmal, wenn er einen gegessen hatte, nahm er einen von den Fleischspeilern aus seinem Bauch. Als Osean mit sechsen fertig war, hatte ihm der Bursche drei weggegessen. »Hast du mir das angetan?« sagte Osean. »Ja, das habe ich«, sagte er. »Ich brauche doch auch ein paar, wenn du selbst so viele nimmst.« – »Versuche, ob du mich zu dem Felsen bringen kannst, den ich dir zeige.«

Er ging auf den Felsen hinaus, und er holte ein Nestjunges von einem Haselhuhn aus dem Felsen. »Nun wollen wir nach Hause gehen.« Der Bursche faßte ihn unter den Arm und sie gingen davon. Als Osean dachte, sie kämen nun bald an das Haus, sagte er: »Sind wir schon in der Nähe des Hauses?« –

»Ja, das sind wir«, sagte der Bursche. »Kann die Stimme eines Mannes von dieser Stelle aus bis zu dem Haus hinüberschallen?« – »Sie wird hinüberschallen.« – »So stelle mich mit der Stirn gegen das Haus.« Der Bursche tat es. Als Osean in die Nähe des Hauses kam, packte er den Burschen, griff mit der Hand in seine Kehle und tötete ihn. »So«, sagte er, »weder du noch sonst jemand wird Geschichten von mir erzählen.« Er ging heim, mit der Hand an der Mauer entlangtastend, und er ließ das Haselhuhnjunge an der Mauer liegen.

Sie fragten ihn, wo er gewesen sei seit dem frühen Morgen. Er sagte, er sei dort gewesen, wo er oft frohe und glückliche Tage verbracht hätte. »Wie hast du denn hingefunden, wenn du blind bist?« – »Ich habe es fertiggebracht, hinzufinden. Ich habe ein kleines Tierchen drüben liegenlassen, das ich mitgebracht habe, holt es nur herein.«

Sie gingen hinaus, um nachzusehen, und wenn auch viele hinausgingen, so waren es doch nicht genug, um das Tier hereinzubringen. Da stand er selbst auf und holte es herein. Er ließ sich ein Messer geben. Er schnitt den Schenkel herunter. Er streifte ihn ab, und dann nahm er das Fleisch weg. Er brach die beiden Enden des Knochens auf. »Jetzt holt nur den Schenkel des schwarzbraunen Hirschen, von dem ihr sagtet, daß ich seinesgleichen bei den Feniern nie gesehen hätte.«

Sie holten ihm den Knochen, er steckte ihn in das Markloch und ließ ihn am anderen Ende herausfallen. So wurde offenbar, daß er die Wahrheit gesprochen hatte. Und sie wollten weitere Geschichten von ihm hören, aber es gelang ihnen nicht, ihn noch einmal zum Erzählen zu bringen.

Ritter und Königstöchter

Märchen von den drei Königstöchtern

Es war einmal ein König von Lochlann, der hatte drei Töchter. Eines Tages ergingen sie sich im Freien, da kamen drei Riesen, die nahmen die Töchter des Königs mit, und niemand wußte, wo sie geblieben waren. Da sandte der König nach dem Sheanachy – seinem Wahrsager und Erzähler – und fragte ihn, ob er wisse, wo seine drei Töchter geblieben seien. Der Sheanachy sagte, drei Riesen hätten sie mitgenommen, sie wären tief unten in der Erde, und es gäbe keine andere Möglichkeit, sie wiederzubekommen, als ein Schiff zu bauen, das zu Wasser und zu Lande fahren könne; so kam es, daß der König verkünden ließ, wer ein Schiff bauen könne, das zu Wasser und zu Lande führe, der solle des Königs älteste Tochter zur Frau bekommen.

Nun war da eine Witwe, die hatte drei Söhne, und der Älteste sagte noch am gleichen Tage zu seiner Mutter: »Backe mir ein Brot und brate mir einen Hahn. Ich will fortgehen, um Holz zu schlagen und ein Schiff zu bauen, das dazu taugt, die Töchter des Königs zu suchen.« Seine Mutter sagte zu ihm: »Was ist dir lieber, ein großes Brot mit meinem Fluch oder ein kleines Brot mit meinem Segen?« – »Gib mir ein großes Brot. Es wird ohnehin klein genug sein, ehe ich mein Schiff gebaut habe.« Er bekam ein Brot und ging fort. Er kam zu einem großen Wald und zu einem Fluß und setzte sich am Ufer des Flusses hin, um das Brot zu essen. Eine große Uruisg – eine Wasserfrau – kam aus dem Fluß und bat um ein Stück von seinem Brot. Er sagte, daß er ihr nicht einen Krümel geben wolle, denn es sei schon wenig genug für ihn. Er fing an, Holz zu schlagen, und jeder Baum, den er schlug, stand sogleich wieder auf; und so ging es fort, bis die Nacht kam.

Er ging heim, bekümmert, traurig, blind vor Tränen. Seine

Mutter fragte: »Wie ist es dir ergangen, mein Sohn?« Er sagte, er habe nichts wie Pech gehabt. »Jeder Baum, den ich fällte, stand sogleich wieder aufrecht da.«

Einen oder zwei Tage danach sagte der mittlere Bruder, er wolle nun auch gehen; und er bat seine Mutter, ihm ein Brot zu backen und einen Hahn zu braten; und genauso, wie es seinem älteren Bruder ergangen war, so erging es auch ihm.

Die Mutter sagte die gleichen Worte auch zu dem Jüngsten, und er nahm das kleine Brot. Die Uruisg kam und bat um ein Stück von seinem Brot und von seinem Hahn. Er sagte, das solle sie haben. Als die Uruisg ihren Anteil vom Brot und vom Hahn gegessen hatte, sagte sie zu ihm, sie wisse, was ihn hierhergebracht habe, aber er solle nur heimgehen; doch nach einem Jahr und einem Tag solle er sich hier wieder einfinden; dann wäre das Schiff fertig.

Und so geschah es: Als ein Tag und ein Jahr herum waren, ging der jüngste Sohn der Witwe wieder hin, und er sah, daß die Uruisg das Schiff fertig hatte; es schwamm auf dem Fluß, vollständig gerüstet und aufgetakelt. So fuhr er aus mit dem Schiff, und drei Edelleute fuhren mit ihm, die vornehmsten aus dem ganzen Königreich, die waren mit den Königstöchtern versprochen. Sie waren erst eine kurze Zeit unterwegs, als sie auf einen Mann stießen, der trank einen Fluß aus. Der Bursche fragte ihn: »Was machst du da?« – »Ich trinke den Fluß aus.« – »Da solltest du besser mit mir kommen, ich will dir Essen und Lohn geben und bessere Arbeit als diese.« – »Das will ich tun«, sagte er. Sie waren noch nicht weit gekommen, als sie einen Mann sahen, der verzehrte eben einen jungen Stier auf einer Weide. »Was machst du denn da?« fragte der Junge. – »Ich bin dabei, alle Stiere auf dieser Weide aufzuessen.« – »Du solltest lieber mit mir gehen, du wirst Arbeit bekommen und einen Lohn, der besser ist als rohes Fleisch.« – »Das will ich tun«, sagte er. Sie gingen eine kleine Strecke weiter, da sahen sie noch einen Mann, der hatte sein

Ohr an die Erde gelegt. »Was machst du da?« sagte er. – »Ich bin hier, um zu hören, wie das Gras durch die Erde bricht.« – »Komm mit mir, du sollst Essen bekommen und besseren Lohn, als mit dem Ohr an der Erde zu liegen.« Sie fuhren nun weiter die Kreuz und die Quer, als der Mann, der so gut hören konnte, mit einem Male sagte, daß hier die Stelle sei, wo sich die Königstöchter und die Riesen befänden. Der Sohn der Witwe und die drei, die ihm mitgegeben waren, wurden mit einem Tragkorb herabgelassen in ein großes Loch, das dort war, und kamen zum Haus des größten Riesen.

»Ha, ha!« sagte der Riese. »Ich weiß wohl, was du hier suchst. Du suchst die Königstochter, aber du sollst sie nicht bekommen, wenn du nicht einen Mann hast, der ebensoviel Wasser trinken kann wie ich.« Er schickte den Mann vor, der den Fluß austrinken wollte, damit er sich mit dem Riesen messen solle; und ehe der nur halbwegs genug hatte, war der Riese geplatzt.

Dann gingen sie zu der Stelle, wo der zweite Riese war. »Ho, holla!« sagte der Riese. »Ich weiß wohl, was dich hierhergebracht hat, du suchst die Königstochter, aber du sollst sie nicht bekommen, wenn du nicht einen Mann hast, der so viel Fleisch essen kann wie ich.« Er schickte den Mann vor, der den Stier verzehrt hatte, damit er sich im Fleischessen mit dem Riesen messe, aber bevor der nur halbwegs genug hatte, war der Riese geplatzt. Dann ging der Junge dorthin, wo der dritte Riese war. »Heio!« sagte der Riese. »Ich weiß, was dich herführt. Aber du wirst die Königstochter nicht bekommen, auf gar keinen Fall, wenn du nicht einen Tag und ein Jahr bei mir bleibst, als mein Diener.« – »Das will ich tun«, sagte er, und er schickte zuerst die drei Edelleute und dann die Königstöchter in dem Korb hinauf. Die drei Männer warteten am oberen Ausgang des Schachtes, bis die Königstöchter heraufkamen, und dann gingen sie mit ihnen zum König und sagten, sie selbst hätten alle die kühnen Taten vollbracht.

Als ein Tag und ein Jahr vergangen waren, sagte der Junge zu dem Riesen, er werde nun gehen. Der Riese sagte, er habe einen Adler, der werde ihn zum Ausgang des Schachtes hinauftragen. Der Riese schickte den Adler aus mit ihm und gab ihm fünfzehn Stiere mit als Speise; aber der Adler war noch nicht halbwegs durch den Schacht hinaufgeflogen, als er die Stiere schon alle verzehrt hatte; und so kehrten sie um. Da sagte der Riese zu ihm: »Du mußt noch einmal einen Tag und ein Jahr bei mir bleiben, und dann will ich dich heimschicken.« Als das Jahr herum war, schickte er den Adler mit ihm aus und gab ihm dreißig Stiere mit. Sie kamen diesmal ein gutes Stück weiter als das vorige Mal, aber dann hatte der Adler die Stiere verzehrt und kehrte um. »Du mußt«, sagte der Riese, »noch einmal ein Jahr bei mir bleiben, und dann will ich dich heimgehen lassen.«

Das Jahr ging herum, und der Riese schickte ihn heim und gab ihm sechzig Stiere als Speise für den Adler mit, und als sie gerade zum Ausgang des Schachtes kamen, waren die Stiere aufgebraucht, und der Adler wollte umkehren; aber der Junge nahm ein Stück Fleisch aus seinem eigenen Schenkel, und er gab es dem Adler, und mit einem einzigen Flügelschlag war er an der Erdoberfläche. Als sie nun voneinander Abschied nahmen, gab ihm der Adler ein Pfeifchen und sagte: »Wenn du je in Not gerätst, so blase dies Pfeifchen, und ich will an deiner Seite sein.«

Der Junge erlaubte seinem Fuß nicht zu rasten, noch ließ er sich Zeit, das Wasser aus seinem Schuh zu leeren, bis er zu der Hauptstadt des Königs gelangte. Er ging zu einem Schmied in der Stadt und fragte ihn, ob er einen Knecht brauchen könne, den Blasebalg zu treten. Der Schmied sagte ja. Er war erst kurze Zeit bei dem Schmied, als die älteste Tochter des Königs diesen zu sich kommen ließ. »Ich habe gehört«, sagte sie, »daß du der beste Schmied in der Stadt bist, aber wenn du mir nicht eine goldene Krone machst wie die, die ich trug, als ich bei dem Riesen war, so soll dir der Kopf abgeschlagen werden.«

Der Schmied kam heim, voll Kummer und Sorge; und sein Weib fragte ihn, was es Neues am Königshof gegeben habe. »Es gibt nur schlimme Neuigkeiten«, sagte der Schmied, »die Königstochter verlangt, daß ich eine goldene Krone für sie mache, genauso wie die Krone, die sie getragen hat, als sie unter der Erde bei dem Riesen war; aber wie soll ich wissen, was das für eine Krone war.«

Der Knecht, der den Blasebalg trat, sagte: »Zerbrich dir deswegen nicht den Kopf, bringe mir nur genug Gold herbei, und es soll nicht lange dauern, ehe ich die Krone gemacht habe.«

Der Schmied brachte so viel Gold herbei, wie er verlangte, auf Geheiß des Königs; und der Junge zerschlug das Gold, und die Stücke warf er zum Fenster hinaus. Jeder, der vorbeikam, konnte das Gold aufsammeln, das der Schmiedejunge hinauswarf. Ja, und dann blies er sein Pfeifchen, und in einem Augenblick war der Adler da. »Eile«, sagte er zu dem Adler, »und bringe die goldene Krone herbei, die über der Tür des größten Riesen ist.«

Der Adler flog fort und blieb nicht lange aus, ehe er die Krone brachte. Der Junge gab die Krone dem Schmied. Der Schmied ging fröhlich und glückselig mit der Krone zu der Königstochter. »Nun«, sagte sie, »wenn ich nicht wüßte, daß es nicht sein könnte, so würde ich wirklich glauben, dies sei die Krone, die ich trug, als ich bei dem gewaltigen Riesen war.«

Des Königs mittlere Tochter sagte zu dem Schmied: »Du wirst deinen Kopf verlieren, wenn du nicht für mich eine Silberkrone machst, genauso wie die, die ich trug, als ich bei dem Riesen war.« Der Schmied machte sich voller Kummer auf den Heimweg. Sein Weib ging ihm entgegen in Erwartung großer und angenehmer Neuigkeiten; doch dann ging es so, daß der Knecht wieder sagte, er werde eine Silberkrone machen, aber nur wenn er genug Silber bekäme. Der Schmied brachte auf Geheiß des Königs eine Menge Silber herbei. Der Knecht ging hin und machte es wie zuvor. Er pfiff; der Adler kam. »Geh«, sagte der Junge, »und bringe mir die Silberkrone, die die mittlere Tochter des Königs hatte, als sie bei dem Riesen war.«

Der Adler flog fort und brauchte nicht lange für den Weg mit der Silberkrone. Der Schmied ging fröhlich, glückselig mit der Silberkrone zu der Königstochter. »Nun«, sagte sie, »sie gleicht auf wunderbare Weise der Krone, die ich hatte, als ich bei dem Riesen war.« Die jüngste Königstochter sagte zu dem Schmied, daß er eine Kupferkrone für sie machen solle, genau wie die Kupferkrone, die sie hatte, als sie bei dem Riesen war. Der Schmied verlor diesmal den Mut nicht und ging weit zuversichtlicher heim als die vorigen Male. Der Knecht begann das Kupfer zu zersplittern und warf es dann zu allen Türen und Fenstern hinaus; und die Leute kamen von allen Gegenden der Stadt, das Kupfer aufzusammeln, wie sie vorher das Silber und Gold gesammelt hatten. Er blies sein Pfeifchen, und der Adler war an seiner Seite. »Fliege zurück«, sagte er, »und bringe die Kupferkrone hierher zu mir, die die jüngste Königstochter hatte, als sie bei dem Riesen war.«

Der Adler flog fort und brauchte nicht lange für den Hin- und Rückweg. Er gab die Krone dem Schmied. Der Schmied ging fröhlich, glückselig aufs Schloß, und er gab sie der jüngsten Königstochter. »Nun«, sagte sie, »ich möchte glauben, daß es dieselbe Krone ist, die ich hatte, als ich bei dem Riesen unter der Erde war, sofern es nur möglich wäre, sie zu holen.« Darauf sagte der König zu dem Schmied, er müsse ihm sagen, wo er gelernt habe, solche Kronen zu machen, »denn ich wußte nicht, daß es jemanden wie dich in meinem Königreich gibt«. – »Nun denn«, sagte der Schmied, »mit Verlaub, o König, nicht ich war es, der die Kronen machte, sondern der Knecht, der mir die Bälge zieht.« – »Ich muß deinen Knecht sehen«, sagte der König, »er soll eine Krone für mich selbst machen.«

Der König ließ vier Pferde und eine Kutsche kommen und befahl, den Knecht des Schmieds zu holen, und als die Kutsche zur Schmiede kam, war der Knecht voll Ruß und Schmutz dabei, die Bälge zu ziehen. Die Stallburschen kamen herein und fragten nach dem Mann, der vor den König gebracht werden sollte. Der Schmied sagte: »Das ist der da drüben, der die Bälge zieht.« – »Pfui, pfui!« sagten sie, packten ihn und warfen ihn kopfüber in die Kutsche, als ob sie einen Hund hätten. Sie waren noch nicht weit gekommen, als er sein Pfeifchen blies. Der Adler war an seiner Seite. »Wenn du je Gutes für mich getan hast, so hole mich hier heraus und fülle die Kutsche mit Steinen«, sagte er. Der Adler tat es. Der König stand draußen und erwartete den Wagen, und als der König die Tür der Kutsche öffnete, wurde er um ein Haar erschlagen von den Steinen, die ihm auf den Kopf purzelten. Es gab eine Jagd nach den Pferdeburschen, und sie wurden sogleich gehängt, weil sie den König so beleidigt hatten.

Hierauf sandte der König andere Leute aus mit einem Wagen, und als sie zur Schmiede gelangten, sagten sie: »Pfui! Pfui! Ist das der schwarze Kerl, den der König uns zu suchen auftrug?« Sie packten ihn, und sie warfen ihn in den Wagen, als ob sie ein Stück Torf hätten. Aber sie waren noch nicht weit gekommen auf ihrem Weg, als er sein Pfeifchen blies, und der Adler war an seiner Seite. »Hole mich hier heraus«, sagte er, »und fülle den Wagen mit so viel Schmutz und Schlamm, wie du finden kannst.« Als der Wagen nun zum Palast kam, ging der König hin, die für zu öffnen. All der Schmutz und Unrat fiel auf des Königs Haupt. Da geriet der König in großen Zorn und befahl, daß die Pferdeburschen sogleich gehängt werden sollten. Hierauf schickte der König seinen vertrauten Diener aus, und als dieser zur Schmiede kam, nahm er den schwarzen Knecht, der den Blasebalg trat, bei der Hand. »Der König«, sagte er, »schickt mich, dich zu holen. Es wäre besser, wenn du den Ruß von deinem Gesicht wüschest.« Der Knecht tat es. Er wusch und säuberte sich auf das allerbeste. Und der Diener des Königs nahm ihn bei der Hand, und er setzte ihn in die Kutsche. Sie waren erst ein kleines Stück gefahren, als der Junge sein Pfeifchen blies. Der Adler kam, und er bat ihn, ihm ohne Verzug das Gold- und Silbergewand zu bringen, das bei dem größten Riesen war, und der Adler brauchte nicht lange für Hin- und Rückweg mit dem Gewand. Der Junge schmückte sich mit des Riesen Kleid. Und als sie zum Königspalast kamen, trat der König heraus, öffnete die Tür der Kutsche, und darin war der prächtigste Mann, den er je gesehen hatte. Der König nahm ihn mit hinein, und er erzählte, was ihm alles widerfahren war, von Anfang bis zu Ende. Die drei Edelleute, die die Töchter des Königs heiraten sollten, wurden gehängt, und die älteste Tochter des Königs wurde dem Jungen zur Frau gegeben. Das Hochzeitsfest dauerte zwanzig Nächte und zwanzig Tage; ich ließ sie beim Tanz und weiß nur, daß sie bis auf den heutigen Tag noch tanzen.

Goldbaum und Silberbaum

Vor langen Zeiten war einmal ein König, der hatte eine Frau, deren Name war Silberbaum, und eine Tochter, deren Name war Goldbaum.

An einem Tag von allen Tagen gingen Goldbaum und Silberbaum zu einem Talgrund, wo es ein Quellwasser gab, in dem eine Forelle schwamm.

Sagte Silberbaum: »Forelle, gutes, kleines Fischlein, bin ich nicht die schönste Königin auf der ganzen Welt?«

»O nein! Das bist du gewiß nicht.«

»Wer denn?«

»Das ist Goldbaum, deine Tochter.«

Silberbaum ging heim, und sie war außer sich vor Zorn. Sie legte sich zu Bett und sagte, sie könne nie wieder gesund werden, wenn sie nicht Herz und Leber ihrer Tochter Goldbaum zu essen bekäme.

Bei Anbruch der Nacht kam der König heim, und man sagte ihm, daß Silberbaum, sein Weib, sehr krank sei. Er ging zu ihr und fragte sie, was ihr fehle.

»Oh, mir fehlt etwas, was du leicht heilen kannst, wenn du willst.«

»Oh, es gibt nichts auf der Welt, was ich nicht für dich tun würde.«

»Wenn ich Herz und Leber von Goldbaum, meiner Tochter, zu essen bekäme, wäre ich gleich gesund.«

Der König ging hin und schickte seine Männer in die Jagdgründe, nach einem Böckchen, und er gab dessen Herz und Leber seinem Weib zu essen, da stand sie auf und war wohl und gesund.

Was geschah nun weiter? Nicht mehr und nicht weniger, als daß der Sohn eines großen Königs von fernher kam und

um Goldbaum freite. Der König gab sie ihm, und sie zogen fort in ein anderes Land.

Nach einem Jahr ging Silberbaum zu dem Tal, wo die Quelle war, in der die Forelle lebte.

»Forelle, gutes, kleines Fischlein«, sagte sie, »bin ich nicht die schönste Königin auf der ganzen Welt?«

»O nein! Das bist du gewiß nicht.«

»Wer denn?«

»Das ist Goldbaum, deine Tochter.«

»Oh, das kann nicht sein, die lebt schon lange nicht mehr. Es ist ein Jahr her, daß ich ihr Herz und ihre Leber aß.«

»Und doch ist sie nicht tot, ganz gewiß nicht. Sie ist vermählt mit einem großen Fürsten jenseits des Meeres.«

Silberbaum ging nach Hause, und der König mußte das Langschiff in Ordnung bringen lassen, damit sie ihre liebe Tochter besuchen könne, so sagte sie, denn es sei lange her, daß sie sie gesehen hätte.

Das Langschiff wurde in Ordnung gebracht, und sie machten sich auf die Reise.

Silberbaum selbst stand am Steuer, und sie steuerte das Schiff so gut, daß es nicht lange währte, bis sie ankamen.

Der Prinz war auf Jagd geritten. Goldbaum wußte sofort, daß es das Langschiff ihres Vaters war, das da hereinkam. »Oh!« sagte sie zu den Dienern, »meine Mutter kommt, und sie wird mich töten.«

»Sie wird dich gewiß nicht töten, wir werden dich in ein Zimmer einschließen, wo sie dir nicht zu nahe kommen kann.«

So geschah es, und als Silberbaum an Land kam, fing sie an, laut zu rufen:

»Komm und begrüße deine Mutter, die gekommen ist, dich zu besuchen«, aber Goldbaum sagte, sie wäre in der Stube eingeschlossen und könne nicht heraus.

»Willst du nicht wenigstens deinen kleinen Finger durch

das Schlüsselloch stecken«, sagte Silberbaum, »so daß deine Mutter einen Kuß darauf drücken kann?«

Sie streckte den kleinen Finger heraus, und Silberbaum ging hin und stach eine vergiftete Nadel hinein, da fiel Goldbaum tot zu Boden.

Als der Prinz nach Hause kam und Goldbaum tot am Boden liegend fand, war seine Trauer groß. Weil sie so schön war, begrub er sie nicht, sondern schloß sie in ein Zimmer ein, wo niemand ihr nahe kommen konnte.

Im Laufe der Zeit vermählte er sich wieder und übergab das ganze Haus der zweiten Frau bis auf einen einzigen Raum. An einem Tag von allen Tagen vergaß er, den Schlüssel mitzunehmen, und die zweite Frau gelangte in den Raum. Was fand sie da, wenn nicht die schönste Frau, die sie je in ihrem Leben gesehen hatte.

Sie drehte sie um, und da bemerkte sie die vergiftete Nadel in ihrem Finger.

Sie nahm die Nadel heraus, und Goldbaum stand lebendig wieder auf, so schön wie nur je.

Bei Anbruch der Nacht kam der Prinz heim von der Jagd und sah sehr niedergeschlagen aus.

»Was wollen wir wetten«, sagte seine Frau, »daß ich dich zum Lachen bringen kann?«

»Oh, wahrlich, es gibt nichts, was mich zum Lachen brächte, es sei denn, Goldbaum wäre wieder lebendig.«

»Sie ist lebendig, du wirst sie in dem Raum unten finden.«

Als der Prinz Goldbaum lebendig vor sich sah, war er voller Seligkeit und fing an, sie zu küssen und zu küssen und nochmals zu küssen.

Sagte die zweite Frau: »Da sie die erste ist, die du hattest, ist es besser, du hältst an ihr fest, und ich will fortgehen.«

»O nein! Geh nicht fort, ich werde euch beide behalten.«

Am Ende des Jahres ging Silberbaum zu dem Tal, wo die Quelle war, in der die Forelle lebte.

»Forelle, gutes, kleines Fischlein«, sagte sie, »bin ich nicht die schönste Königin auf der ganzen Welt?«

»O nein! Das bist du gewiß nicht.«

»Wer denn?«

»Das ist Goldbaum, deine Tochter.«

»O ja! Aber die lebt nicht mehr. Es ist ein Jahr her, daß ich ihr eine vergiftete Nadel in den Finger stach.«

»Nein, wahrlich, sie ist nicht tot, sie ist gewiß nicht tot.« Silberbaum ging heim, und der König mußte das Langschiff in Ordnung bringen lassen, sie wolle sich aufmachen, ihre liebe Tochter Goldbaum zu besuchen, denn es sei lange her, seit sie sie gesehen hätte. Das Langschiff wurde in Ordnung gebracht, und sie fuhren aus. Silberbaum selbst stand am Steuer, und sie steuerte das Schiff so gut, daß sie nicht lange brauchten, bis sie ankamen.

Der Prinz war auf die Jagd geritten. Goldbaum erkannte ihres Vaters Schiff sogleich, wie es hereinfuhr.

»Oh!« sagte sie, »da kommt meine Mutter, und sie wird mich töten.«

»Keineswegs«, sagte die zweite Frau, »wir wollen hinuntergehen, ihr entgegen.«

Silberbaum kam an Land. »Komm her, Goldbaum, mein Liebstes«, sagte sie, »deine eigene Mutter kommt zu dir mit einem köstlichen Trank.«

»Es ist Sitte in diesem Land«, sagte die zweite Frau, »daß derjenige, der einen Trank kredenzt, zuerst selbst einen Schluck davon nimmt.«

Silberbaum nahm den Becher an den Mund, und die zweite Frau ging hin und gab ihm einen kleinen Stoß, daß ihr der Trank die Kehle hinunterfuhr, da fiel sie tot um. Sie hatten nur die Leiche nach Hause zu bringen und zu begraben.

Der Prinz und seine zwei Frauen lebten hernach noch lange in Frieden und Freude. Und da ließ ich sie.

Assipattle und Meister Lindwurm

Der Bauer auf Leegarth hatte sieben Söhne und eine Tochter. Der jüngste Sohn hieß Assipattle. Seine Brüder sahen sehr auf ihn herab und ließen ihn überall ihre Verachtung spüren, und das konnte wohl auch nicht anders sein, denn er tat nur wenig oder gar keine Arbeit auf dem Hof. Den ganzen Tag lief er in abgerissenen Kleidern und mit ungekämmtem Haar umher, aus dem jeder Windstoß eine Aschenwolke blies, und an den Abenden lag er da und wälzte sich in der Asche. Assipattle mußte den Boden fegen, Torf fürs Feuer hereinbringen und alle niedrigen Arbeiten verrichten, für die seine Brüder sich zu gut dünkten. Sie pufften und stießen ihn, und die Weibsleute lachten über ihn, so hatte er ein rechtes Hundeleben, und die meisten dachten auch, er verdiene es nicht besser. Nur seine Schwester war gut zu ihm. Sie hörte gerne seinen langen Geschichten von Riesen und Trollen zu, darin war er immer der große Held, und es war kein Zweifel, daß er Sieger blieb.

Eines Tages geschah es, daß des Königs Boten kamen mit einer Botschaft für den Bauern vom König selbst. Er ließ dem Bauern sagen, er solle seine Tochter an den Königshof schicken, damit sie bei der Prinzessin lebe, die des Königs einziges Kind war, und ihr als Maid diene. So wurden dem Mädchen seine besten Kleider angelegt, und ihr Vater machte ihr eigenhändig ein Paar Sandalen, die sie im Haus des Königs tragen sollte, auf die war sie sehr stolz, denn bisher war sie immer barfuß gegangen. Dann wurde sie auf ein Pferd gesetzt und zur Prinzessin gebracht, und von da an war Assipattle noch teilnahmsloser und schweigsamer als zuvor.

Nun geschah es, daß in jenem Teil des Landes unheilvolle Kunde eintraf. Es hieß, der große Lindwurm nähere sich dem Lande. Und diese Nachricht ließ selbst die kühnsten Herzen unruhig schlagen. Und wahrhaftig, der große Lindwurm kam und reckte sein Haupt gegen die Küste. Er riß seinen greulichen Rachen auf und gähnte schrecklich, und wie er das Maul wieder schloß, schlugen seine Kiefer mit solchem Krachen zusammen, daß Erde und Meer erbebten. Und das tat er, um zu zeigen, er werde das Land verschlingen, wenn man ihm nichts zu fressen gebe.

Dieser Lindwurm war der größte, der Vater von allen übrigen; deshalb hieß er Meister Lindwurm. Er konnte mit seinem giftigen Atem jede Kreatur, die er anhauchte, töten und alles, was wuchs und grünte, verdorren lassen. Furcht befiel jedes Herz, und Klagen erhob sich im ganzen Land.

Nun gab es einen mächtigen Zauberer in dem Königreich, von dem sagten die Leute, daß er alle Dinge wisse, aber der König schätzte ihn nicht, denn er hielt ihn für einen listigen Ränkeschmied. Als der König und das Thing drei Tage lang beraten hatten und keiner einen Weg wußte, wie man dem großen Lindwurm entgehen könne, und das Thing am Ende seiner Weisheit war, da trat die Königin in die Versammlung. Sie war eine herrische kühne Frau und sehr groß und mannsgleich in allem; und sie sprach zu den Männern des Things: »Ihr seid alle tapfere Männer und kühne Krieger, solange ihr nur sterblichen Männern gegenübersteht. Jetzt aber habt ihr es mit einem Feind zu tun, der eurer Kraft spottet, und vor ihm sind eure Waffen wie Stroh. Nicht durch Schwert oder Speer kann dieses Ungeheuer überwunden werden, sondern nur durch Zaubermittel. Ihr solltet euch Rat holen bei dem großen Zauberer, der alle Dinge weiß; denn Weisheit siegt, wo Kraft und Stärke versagen.«

Also wurde der Zauberer gerufen und um seinen Rat gebeten. Er war häßlich und sah aus wie ein Schreckgespenst. Er sagte, die Frage sei ernst und äußerst schwierig zu beantworten, doch werde er ihnen am folgenden Tag bei Sonnenaufgang seinen Rat mitteilen.

Am nächsten Tag sagte der Zauberer vor allen Männern des Things, es gäbe nur einen einzigen Weg, den großen Lindwurm zufriedenzustellen und das Land zu retten, es müßten ihm nämlich einmal in jeder Woche sieben Jungfrauen zum Fraß vorgeworfen werden. Wenn dieses Mittel nicht ausreiche, dann bliebe nur noch ein weiteres, das aber sei so furchtbar, daß es gar nicht ausgesprochen werden dürfe, es sei denn, das andere versage.

So sprach der Zauberer, und sein Rat wurde angenommen und als Gesetz verkündet. Jeden Samstag wurden sieben Mädchen gebunden und auf einen Felsen gelegt, dem Ungeheuer gerade vor die Nase. Und dann streckte es seine schreckliche Zunge heraus und schlang sie alle in seinen furchtbaren Rachen.

Nun geschah es eines Tages, daß die Leute von Leegarth auf einen Hügel stiegen, von wo sie den großen Lindwurm sehen konnten; und sie sahen, wie er seine samstägliche Mahlzeit verzehrte. Bei diesem Anblick weinten und schluchzten alle Frauen. Starke Männer stöhnten, und ihr Gesicht wurde grau wie kalte Asche. Während alle jammerten und sich besprachen, ob es keinen anderen Weg gäbe, das Land zu retten, stand Assipattle auf, ohne den Blick auch nur für einen Augenblick von dem Lindwurm abzuwenden. »Ich fürchte mich nicht«, sagte er, »ich bin bereit, mit, dem Ungeheuer zu kämpfen.« Mit dem gab sein ältester Bruder ihm einen Stoß und befahl ihm, sich nach Hause zu scheren in das Aschenloch.

Assipattle aber ließ sich nicht einschüchtern und wiederholte, er werde den Lindwurm töten, und seine Brüder waren so aufgebracht über seine Prahlerei, daß sie mit Steinen nach ihm warfen, bis er davonlief. Zur Nachtzeit bekamen sie ihn in der Scheune zu fassen und hätten ihn im Stroh erstickt, wenn nicht ihr Vater gekommen wäre und ihn befreit hätte. »Du brauchtest mir nicht zu Hilfe zu kommen«, sagte Assipattle, »ich wäre leicht mit allen fertig geworden und hätte jeden einzelnen von ihnen besiegt, wenn ich nur gewollt hätte.« Da lachten sie alle und fragten: »Warum hast du es denn nicht versucht?« – »Weil ich meine Kraft aufsparen will«, sagte Assipattle, »bis ich mit dem Lindwurm kämpfe.« Da brüllten sie alle vor Lachen. »Du wirst mit dem großen Lindwurm kämpfen«, sagte sein Vater, »wenn ich Löffel aus den Hörnern des Mondes mache!«

Nun erhob sich überall im Land ein großes Jammern und Klagen über den Tod so vieler Jungfrauen. Die Leute sagten, wenn das so weitergeht, wird keine Frau mehr im ganzen Land übrig sein, um Menschen hervorzubringen. So wurde das Thing wieder einberufen, und die Männer riefen nach dem Zauberer und begehrten, das zweite Mittel von ihm zu wissen. Der Zauberer stand auf und reckte seine häßliche Gestalt; der Bart hing ihm bis zu den Knien, und sein Haar war wie ein Mantel um ihn, er sagte: »Mit der größten Trauer spreche ich es aus, es gibt nur ein einziges Heilmittel. Oh, daß ich nie geboren wäre oder doch nicht so lange gelebt hätte, um den Tag zu sehen, an dem ich hier stehe, dieses Heilmittel zu verkünden! Des Königs eigene Tochter Prinzessin Gemdelovely muß dem Lindwurm vorgeworfen werden. Dann wird das Ungeheuer unser Land verlassen.«

Lange Zeit schwiegen alle Männer im Thing. Schließlich stand der König auf, kummervoll, doch groß und aufrecht. Er sagte: »Sie ist mein einziges Kind. Sie ist das Liebste, was ich auf Erden habe. Sie sollte mein Reich erben. Wenn aber ihr Tod das Land retten kann, so soll sie sterben. Es steht ihr wohl an, daß sie als die Letzte vom ältesten Stamm im Lande für ihr Volk stirbt.«

Da stand der Obmann des Things auf und fragte, ob dies der Wille aller sei. Keiner sprach, aber alle hoben zustimmend die Hand. Sie taten es in großem Kummer, denn Gemdelovely wurde von allen Leuten geliebt. Darauf stand des Königs Waffenmeister auf und sagte: »Ich fordere, daß, wenn das Untier das Land nicht verläßt, nachdem es die Prinzessin verschlungen hat, der Zauberer selbst das nächste Opfer des Lindwurms sein soll!« Dem stimmten alle mit Beifallsrufen zu.

Bevor der Spruch des Things verkündet wurde, bat der König noch, man möge ihm einen Aufschub von drei Wochen gewähren, damit er seine Tochter dem Helden anbieten könne, der mit dem Lindwurm kämpfen wolle. Das wurde gewährt, dann verkündete der Obmann den Spruch.

Darauf sandte der König Boten in alle benachbarten Königreiche, um allen Männern kundzutun, daß derjenige, der den Lindwurm durch Waffengewalt oder List aus dem Lande brächte, Gemdelovely zum Weib haben sollte und dazu das Königreich, das ihr Erbteil wäre, und das berühmte Schwert Sicherbeißer, welches das Schwert war, mit dem der große Oddie seine Feinde besiegt und auf die Rückseite der Welt getrieben hatte. Manch ein Fürst und großer Streiter hielt diesen dreifachen Preis für die drei größten Kostbarkeiten auf der Erde: ein Weib, ein Königreich und ein Schwert. Aber die Gefahr, die dem drohte, der diese drei gewinnen wollte, ließ das Herz der Kühnsten stillstehen.

Als der Bauer von Leegarth vom Thing zurückkam mit der Kunde, daß die schöne Gemdelovely dem Untier vorgeworfen werden sollte, hub ein großes Jammern und Klagen an, denn sie wurde von allen geliebt, nur von der Königin nicht, die ihre Stiefmutter war. Assipattle aber, was er auch denken mochte, sagte nichts.

Sechsunddreißig große Helden kamen zum Haus des Königs, in der Hoffnung, den Preis zu erringen; als sie aber den Lindwurm erblickten, fielen zwölf von ihnen in Ohnmacht und mußten nach Hause getragen werden. Zwölf waren so entsetzt, daß sie heimliefen in ihr eigenes Land. Und zwölf blieben im Haus des Königs, aber Herz und Mut waren ihnen tief gesunken.

Am Vorabend des großen Tages gab der König für seine Männer und die zwölf Helden ein großes Festmahl. Es war ein trübseliges Fest – wenig wurde verzehrt, noch weniger geredet. Und obgleich die Männer kräftig dem Wein zusprachen, stand ihnen der Sinn nicht nach Scherzen, denn die Sorge, was am nächsten Tage geschähe, lag schwer auf ihren Herzen. Und der König drehte an diesem Abend die Rückseite der Lampe zu sich her, damit keiner sein Gesicht sähe.

Als alle bis auf den König und seinen Waffenmeister zu Bett gegangen waren, öffnete der König seine große Truhe und nahm das große Schwert Sicherbeißer heraus.

»Warum nehmt Ihr Sicherbeißer heraus?« fragte der Waffenmeister, »Morgen werden es vier mal zwanzig und sechzehn Jahre, o Herr, daß Ihr in die Welt kamt, und manche tüchtige Tat habt Ihr getan in dieser Zeit. Aber die Tage, da Ihr in den Kampf zogt, sind vorüber. Laßt Sicherbeißer ruhen, mein Herr und König. Ihr seid zu alt, seine Klinge jetzt noch zu schwingen.«

»Schweig!« sagte der König, »oder ich werde meine Kraft an deinem Leibe versuchen. Glaubst du, daß ich, der ich von dem großen Oddie abstamme, ertragen könnte, mein einziges Kind von einem Ungeheuer verschlungen zu sehen, und keinen Streich zu wagen für mein eigen Fleisch und Blut? Ich sage dir, und mit meinem Daumen kreuzweis auf Sicherbeißers Spitze schwöre ich dir, ich und dies gute Schwert, wir werden untergehen, ehe meine Tochter stirbt. Und nun, mein guter Waffenmeister, begib dich beim ersten Hahnenschrei eilends hinunter an den Strand. Bringe mein Boot zu Wasser, richte den Mast auf, halte die Segel bereit und wende den Bug seewärts. Und bewache es gut, bis ich komme. Das wird der letzte Dienst sein, den du mir erweisen kannst. Gute Nacht, mein alter Gefährte.«

Auch in Leegarth gab es große Vorbereitungen an diesem Abend, denn alle sollten am nächsten Morgen hingehen und den Tod Gemdelovelys ansehen. Alle sollten gehen bis auf Assipattle, der mußte zu Hause bleiben und die Gänse hüten. Wie er nun in der Asche lag, konnte er nicht schlafen, weil so viele Gedanken ihn bedrückten. Und wie er so dalag, hörte er seinen Vater und seine Mutter im Bett miteinander reden. Sagt die Frau: »So wollt ihr also morgen alle hingehen, um zu sehen, wie die Prinzessin aufgefressen wird.« – »Ja, wahrhaftig, Frau, und du sollst auch mitkommen«, sagt der Bauer. »Du sollst hinter mir auf dem Pferd sitzen, wir werden beide auf Teetong reiten, und ich möchte wetten, keiner wird uns zuvorkommen, solange wir auf ihm reiten.«

Denn Teetong war das schnellste Pferd im ganzen Land. Da sagt die Frau: »Ich habe manchmal gedacht, daß du mich doch nicht so liebst, wie ein Mann seine Frau lieben soll.« – »Was setzt dir solch einen Gedanken in den Kopf?« sagte der Mann. »Was habe ich jemals getan oder gesagt, das dich glauben machen könnte, ich liebte dich nicht mehr als alle anderen Frauen auf Erden?«

»Nicht, was du sagst, sondern was du nicht sagst, läßt mich an dir zweifeln. Denn seit fünf Jahren habe ich dich wieder und wieder gebeten, mir zu sagen, wie du Teetong zu so schnellem Lauf antreibst, daß er jedes andere Pferd im Lande schlägt, aber ich könnte ebensogut den Stein in der Mauer fragen. Ist das ein Zeichen wahrer Liebe?«

»Aber, liebes Weib«, sagte der Mann, »das kann vielleicht Mangel an Vertrauen gewesen sein, aber nicht Mangel an Liebe. Doch soll das nicht einen Augenblick länger dein Herz bedrücken – ich will dir das ganze Geheimnis sagen. Wenn ich will, daß Teetong stillsteht, gebe ich ihm einen Schlag auf die linke Schulter, wenn ich will, daß er ziemlich schnell läuft, gebe ich ihm zwei Schläge auf die rechte Schulter. Und wenn ich will, daß er aus Leibeskräften rennt, dann blase ich durch die Luftröhre einer Gans. Ich habe ein solches Stück Drossel immer in der rechten Tasche meines Rockes, damit es im Notfall zur Hand ist. Und wenn Teetong meinen Pfiff hört, läuft er wie der Wind. So, nun weißt du alles. Beruhige dich also und laß uns schlafen, denn es ist schon spät.«

Assipattle hatte alles gehört und lag mäuschenstill, bis er die alten Leute schnarchen hörte. Dann aber gönnte er sich nicht lange mehr Ruhe. Er holte die Drossel der Gans aus seines Vaters Rocktasche und schlich in den Stall wie ein Dieb. Er zäumte Teetong auf und führte ihn hinaus. Das Pferd stieg und bäumte sich wie toll, weil es merkte, daß es nicht sein Herr war, der es führte. Assipattle aber gab ihm mit der Hand einen Schlag auf die linke Schulter, da stand das Pferd wie ein Felsen. Assipattle sprang auf seinen Rücken und gab ihm zwei Schläge auf die rechte Schulter. Und auf und davon ging es. Aber als das Pferd losschoß, wieherte es laut. Der Mann erwachte. Er kannte das Wiehern seines Pferdes. Er sprang aus dem Bett, weckte seine Söhne, und sie alle warfen sich auf ihre Pferde und galoppierten hinter Teetong her mit dem Ruf: »Haltet den Dieb!« Der Vater lag an der Spitze der Verfolger und rief laut:

Halt, halt! He!
Teetong steh!

Als Teetong das hörte, stand er stocksteif. Assipattle riß die Gänsedrossel heraus und blies mit aller Macht darauf. Da schoß Teetong davon wie der Wind, und der Vater und seine Söhne kehrten nach Hause zurück, voll Kummer über den Verlust des Pferdes.

Als der Morgen dämmerte, kam Assipattle zum Meeresstrand. Er pflockte sein Pferd an und ging zu einem kleinen Haus, wo die alte Frau, die darin wohnte, im Schlaf lag. Hier fand er einen alten Topf, in den tat er ein brennendes Stück Torf aus dem Feuer, und damit ging er zum Strand, wo des Königs Boot an einem Stein, der am Ufer lag, vertäut war. Im Boot saß der Mann, der es bewachen sollte, bis der König käme; er zitterte vor Kälte, denn die Nacht war recht frisch gewesen. »Warum kommst du nicht an Land und läufst ein bißchen herum, um dich anzuwärmen?« sagte Assipattle.

»Ich kann nicht, denn wenn der Waffenmeister mich nicht im Boot findet, wird er mich halbtot schlagen.«

»Das ist weise genug«, sagte Assipattle, »aber ich will mir ein Feuer anzünden, um Seeschnecken zu rösten.«

Er fing an, ein Loch in den Boden zu kratzen, um das Feuer darin anzuzünden, doch im gleichen Augenblick schrie er laut: »Gold! Gold! So gewiß ich der Sohn meiner Mutter bin, hier ist Gold im Boden!«

Als der Mann im Boot das hörte, sprang er an Land und stieß Assipattle zur Seite. Während er in dem Loch kratzte, packte Assipattle seinen Topf, machte das Haltetau los, sprang ins Boot und stieß es ab ins tiefe Wasser. Der Mann brüllte vom Strand hinter ihm her, aber als die Sonne über den Bergen heraufkam, setzte Assipattle sein Segel und steuerte auf das Haupt des Lindwurms zu.

Das Scheusal lag vor ihm wie ein ungeheuer hoher Berg, seine Augen glühten und sprühten wie ein Leuchtfeuer. Sein Leib erstreckte sich über die halbe Welt. Seine furchtbare Zunge war Hunderte von Metern lang und konnte ganze Städte, Bäume und Berge ins Meer fegen. Die schreckliche Zunge war gespalten, und mit den beiden Spitzen packte es seine Beute, zerdrückte die größten Schiffe wie Eierschalen und zerknackte die Mauern der größten Burgen wie Nüsse. Aber Assipattle hatte keine Furcht.

Inzwischen waren der König und seine Krieger zum Strand gekommen, und als der König sein Boot weit draußen sah, geriet er in großen Zorn.

Assipattle fuhr von der Seite an den Kopf des Lindwurms heran, dann ließ er das Segel herunter, saß still da mit eingelegten Rudern und hing seinen Gedanken nach. Als der erste Sonnenstrahl die Augen des Lindwurms traf, gab dieser ein scheußliches Gähnen von sich – das erste Mal von den sieben Malen, die er vor seiner grausigen Mahlzeit zu gähnen pflegte. Nun schoß jedesmal, wenn das Untier gähnte, eine große Wasserwoge in sein aufgesperrtes Maul hinein.

Assipattle ruderte, so nahe er konnte, von der Seite zu des Lindwurms Maul hin, und beim zweiten Gähnen wurde sein Boot von der einwärts stürzenden Flutwelle mitgerissen und in den finsteren Schlund des Scheusals hinuntergespült. Der Schlund war oben und an den Seiten von einem phosphoreszierenden Überzug bedeckt, der ein schwaches silbriges Licht in der Höhlung verbreitete. Weiter und weiter, tiefer und tiefer hinunter fuhr Assipattle ein langes Stück Wegs, er steuerte sein Boot in der Mitte des Stromes, bis das Wasser seichter wurde und der Mast sich mit der Spitze oben an der Wandung verfing und der Kiel auf dem Grund festsaß.

Da sprang Assipattle heraus. Den Topf in der Hand, watete und rannte er vorwärts, bis er zu der ungeheuren Leber des Scheusals kam. Er zog sein Messer und schnitt ein Loch in die Leber und schob seinen glimmenden Torf in das Loch. Er blies den Torf an, bis er dachte, seine Lippen müßten zerspringen. Der Torf fing an aufzuflammen, die Flamme ergriff das Öl der Leber, und es gab ein mächtiges Feuer. Da lief Assipattle zu seinem Boot zurück, und wie nun der Lindwurm die Hitze des Feuers spürte, fing er an, furchtbare Fluten aus seinem Magen zu speien. Eine von ihnen erfaßte das Boot, zerbrach den Mast und warf Boot und Mann heil und trocken an Land.

Der König und seine Leute zogen sich auf einen hohen Hügel zurück, wo sie sicher waren vor den Fluten, die das Ungeheuer von sich gab, und vor den schrecklichen Feuer- und Rauchstößen, die ihm hochkamen. Es war ein grauenvoller Anblick. Hinter den Flutwellen brachen aus dem Maul des Untiers große Rauchwolken hervor, so schwarz wie Pech. Als das Feuer in ihm größer wurde, streckte es seine schreckliche

Zunge heraus und schwenkte sie hin und her. Es schleuderte seine Zunge hinauf und umklammerte ein Horn des Mondes mit den gegabelten Enden, und als die Gabel am Horn des Mondes abglitt und wieder herabstürzte, spaltete sie die Erde und schuf ein großes Stück Meer, wo vorher trocknes Land gewesen war. Das ist das Meer, das noch jetzt Dänemark von Schweden und Norwegen trennt. An dem Ende dieses Meeres sind zwei große Meerbuchten, die von den beiden Spitzen der gegabelten Zunge des Lindwurms herrühren.

Darauf zog der Lindwurm seine lange Zunge ein, und wie er sich nun wand und ringelte, geriet die ganze Welt in Aufruhr. Schließlich zog er sich langsam zu einem riesenhaften Klumpen zusammen, und dabei peinigte ihn das Feuer in seinem Innern so sehr, daß er sein Haupt zu den Wolken aufwarf und es sogleich wieder ins Meer fallen ließ, mit einer Gewalt, die die ganze Welt erschütterte. Einmal sprangen ihm von der Wucht des Niederstürzens eine Menge Zähne aus dem Maul, und diese bildeten die Orkney-Inseln. Noch mehr Zähne verstreute das Untier ins Meer, und aus diesen wurden die Shetland-Inseln. Und zum drittenmal flogen Zähne heraus und wurden die Faroer-Inseln. Darauf rollte sich der Lindwurm zu einem großen Klumpen zusammen – und dieser Klumpen wurde Island. Und dann starb der Lindwurm. Aber noch brennt das Feuer unter der Insel, und dieses Feuer ist es, das die feuerspeienden Berge in Island speist.

Da nahm der König Assipattle in seine Arme, küßte und segnete ihn und nannte ihn seinen Sohn. Der König nahm seinen eigenen Mantel von den Schultern und legte ihm den um. Und der König nahm Gemdelovelys Hand und legte sie in Assipattles Hand. Und er gürtete Assipattle mit dem Schwert Sicherbeißer. Assipattle bestieg Teetong und ritt an Gemdelovelys Seite. Und als sie alle voll Freude zu des Königs Schloß ritten, kam Assipattles Schwester ihnen entgegengelaufen. Sie flüsterte etwas in Gemdelovelys Ohr, und Gemdelovely sagte es dem König weiter. Da wurde des Königs Antlitz finster, denn sie hatte gesagt, der Zauberer habe den ganzen Morgen mit der Königin gebuhlt.

»Ich werde hingehen und ihn töten«, sagte der König.

»Ach«, sagte das Mädchen, »sie sind geflohen auf den beiden besten Pferden im Stall.«

»Sie müßten schon sehr schnell reiten, wenn ich sie nicht einholen sollte«, sagte Assipattle. Er stob auf Teetong davon wie der Wind, und bald hatte er die beiden Übeltäter erreicht.

»Es ist nur so ein halbwüchsiges Bürschlein«, sagte der Zauberer, »ich werde ihm unverzüglich den Kopf abschlagen«, denn er wußte wohl, daß sein Leib gefeit war gegen jedes gewöhnliche Eisen.

Aber Assipattle zog das Schwert Sicherbeißer, und mit einem gewaltigen Stoß stieß er das Schwert in des Zauberers Herz, bis die Spitze am Rücken wieder herauskam und sein Blut auf den Boden rann, schwarz wie Pech.

Die Königin wurde bis ans Ende ihrer Tage in einen hohen Turm gesperrt. Assipattle und Gemdelovely wurden miteinander vermählt, und es gab ein großes Hochzeitsfest, das dauerte neun Wochen. Des Königs Skalde dichtete ein langes Heldenlied, und die Hofsänger stimmten einen neuen Gesang an, und dies war der Kehrreim:

Der beste Stein im ganzen Land ist über des Königs Tor;
Er kam aus einem Aschenloch, wo lang er lag zuvor.

Bei der Hochzeit ging es hoch her wie bei einem Fest in der Julzeit. Assipattle und Gemdelovely wurden König und Königin und lebten in Glanz und Freude. Und wenn sie nicht gestorben sind, dann leben sie noch heute.

Meerfrauen und Zauberschwerter

Der Fischer und die Meerjungfrau

Es war einmal vorzeiten ein armer Fischer, und es kam ein Jahr, da fing er nicht viele Fische. An einem Tag von vielen Tagen, als er beim Fischen war, stieg eine Meerjungfrau an der Seite seines Bootes hoch und fragte ihn, ob er Fische im Netz hätte.

Der alte Mann antwortete, daß keine darin seien. »Welchen Lohn willst du mir geben, wenn ich dir eine Menge Fische schicke?« – »Ach«, sagte der alte Mann, »ich habe nicht viel übrig.« – »Willst du mir den ersten Sohn, den du hast, geben?« sagte sie. »Von mir aus sollst du ihn gerne haben, wenn ich je einen Sohn bekommen sollte, doch hat es keinen gegeben und wird keinen geben«, sagte er, »ich und mein Weib sind schon sehr alt.« – »Nenne alles, was du hast.« – »Ich habe nichts als eine alte Mähre von einem Pferd, einen alten Hund, mich selbst und mein Weib. Da hast du alle Wesen in der weiten Welt, die mir gehören.« – »Hier sind drei Körner für dich, die du deinem Weib gleich heute abend geben sollst, und drei weitere für den Hund und diese drei für die Mähre, und diese drei nimm auch noch, die sollst du pflanzen hinter deinem Haus, und wenn ihre Zeit um ist, wird dein Weib drei Söhne haben, die Mähre drei Fohlen und die Hündin drei Welpen, und hinter deinem Haus werden drei Bäume wachsen. Die Bäume werden ein Zeichen sein: Wenn einer der Söhne stirbt, wird einer der Bäume verdorren. Jetzt gehe nur heim, und denke an mich, wenn dein Sohn drei Jahre alt ist, und du selbst wirst von nun an eine Menge Fische fangen.« Alles geschah, wie die Meerjungfrau gesagt hatte, und der Fischer fing alle Tage eine Menge Fische; als aber das Ende der drei Jahre herannahte, wurde der alte Mann bekümmert und schweren Herzens, während er einen Tag um den anderen dahingehen sah. Am Jahrestag ging er wie gewöhnlich zum Fischen, aber er nahm seinen Sohn nicht mit.

Die Meerjungfrau stieg auf neben seinem Boot und fragte: »Hast du deinen Sohn mitgebracht?« – »Ach nein! Ich habe ihn nicht mitgebracht. Ich habe ganz vergessen, daß heute der Tag ist.« – »Nun ja!« sagte die Meerjungfrau, »dann sollst du ihn weitere vier Jahre behalten; sieh nur zu, ob es dir dann leichter fällt, dich von ihm zu trennen. Hier hast du einen Jungen im gleichen Alter«, und sie hob ein dralles rosiges Kind hoch, »ist dein Sohn auch so hübsch?« Er ging heim voll Freude und Entzücken, weil er seinen Sohn vier weitere Jahre behalten durfte, und fuhr fort zu fischen und fing eine Menge Fische. Aber als die nächsten vier Jahre herum waren, überfielen ihn Kummer und Sorge aufs neue, er aß keine Mahlzeit und tat keinen einzigen Handgriff mehr, und sein Weib konnte sich nicht denken, was ihn bedrückte. Diesmal wußte er sich keinen Rat, aber er nahm sich fest vor, daß er seinen Sohn auch jetzt nicht mitnehmen würde. Er ging zum Fischen wie die vorhergehenden Male, und die Meerjungfrau stieg auf an der Seite des Bootes und fragte: »Hast du mir deinen Sohn mitgebracht?« – »Ach! Ich habe ihn auch diesmal vergessen«, sagte der alte Mann. »Dann gehe nur heim«, sagte die Meerjungfrau, »und wenn sieben Jahre herum sind, von heute an, so sollst du dich ganz gewiß an mich erinnern, aber es wird dir dann kaum leichter sein, dich von ihm zu trennen. Doch wirst du so viele Fische fangen wie bisher.«

Der Alte ging voller Freude heim; er konnte seinen Sohn weitere sieben Jahre behalten, und bevor sieben Jahre vergangen sind, dachte der alte Mann, wäre er selbst tot und würde die Meerjungfrau nie mehr sehen. Aber keineswegs, die sieben Jahre gingen auch herum, und wie sie sich ihrem Ende näherten, war der alte Mann wieder voll Kummer und Sorge. Er hatte keine Ruhe bei Tag und Nacht. Der älteste Sohn fragte seinen Vater eines Tages, ob ihn jemand bedränge. Der alte

Mann sagte, es gäbe allerdings einen Grund für seinen Kummer, aber das ginge weder ihn noch sonst jemanden etwas an. Der Bursche sagte, er *müsse* alles wissen. Der Vater erzählte ihm zu guter Letzt, wie es stand zwischen ihm und der Meerjungfrau. »Laß dich das nicht bekümmern«, sagte der Sohn, »ich werde tun, was du verlangst.« – »Du sollst nicht gehen, du sollst nicht zur Meerjungfrau gehen, mein Sohn, und wenn ich auch nie wieder einen Fisch fange.« – »Wenn du mich nicht mit dir gehen lassen willst, so lasse mir vom Schmied ein großes starkes Schwert machen, und ich will ausziehen, mein Glück zu versuchen.« Der Vater ging zum Schmied, und der Schmied machte ein tüchtiges Schwert für ihn. Der Vater kam heim mit dem Schwert. Der Bursche ergriff es und schwang es ein- oder zweimal, und es zersprang in hundert Stücke. Nun sollte der Vater zum Schmied gehen und ein neues Schwert machen lassen, das zweimal soviel Gewicht hätte; er tat es, und es ging nicht anders wie das erste Mal, das Schwert brach in zwei Hälften. Wieder ging der alte Mann zum Schmied; und der Schmied machte ein Schwert, so groß, wie er nie zuvor eins gemacht hatte. »Das ist das richtige Schwert für dich«, sagte der Schmied, »und die Faust muß wahrlich stark sein, die diese Klinge führen soll.« Der alte Mann brachte das Schwert seinem Sohn, und der schwang es ein- oder zweimal. »Dieses mag gehen«, sagte er, »es ist höchste Zeit, daß ich mich auf den Weg mache.« Am nächsten Morgen legte er einen Sattel auf das schwarze Pferd, das die alte Mähre bekommen hatte, und zog davon, um die Welt zu seinem Kopfkissen zu machen, und sein schwarzer Hund lief ihm zur Seite.

Als er ein Stück weit gezogen war, traf er auf den Kadaver eines Schafes am Wegrand. Bei dem Aas waren ein riesiger Hund, ein Falke und ein Otter. Er stieg vom Pferd, und er teilte den Kadaver unter die drei. Drei Teile für den Hund, zwei Teile für den Otter und ein Teil für den Falken. »Dafür denke an mich«, sprach der Hund, »wenn flinker Fuß oder scharfer Zahn dir helfen können, und ich werde an deiner Seite sein.« Sprach der Otter: »Wenn rudernder Fuß am Grunde des Wassers dir helfen kann, denke an mich, und ich werde an deiner Seite sein.« Sprach der Falke: »Wenn du in Not bist, wo nur schnelle Schwinge oder scharfe Kralle dir helfen können, denke an mich, und ich werde an deiner Seite sein.«

Darauf ging er weiter, bis er zum Haus eines Königs kam, und trat in dessen Dienst als Hirte; sein Lohn sollte sich richten nach der Milch der Herde. Er zog mit der Herde aus, und die Weide war ganz kahl. Als es dunkel wurde und er sie heimtrieb, hatten sie nicht viel Milch, wegen der kahlen Weide, und sein Essen und Trinken war nur kärglich an diesem Abend.

Am nächsten Tag ging er weiter fort mit der Herde; und schließlich kam er zu einer Stelle, wo es reichlich Gras gab in einem grünen Tal, wie er noch keines so schön gesehen hatte.

Aber um die Zeit, da er hinter dem Vieh gehen sollte, um sie nach Hause zu treiben, wer stürmt heran, wenn nicht ein ungeheurer Riese mit einem Schwert in der Hand. »Hiu! Hau!! Hogaraich!!!« schrie der Riese. »Meine Zähne rosten schon, so lange warten sie auf dein Fleisch. Das Vieh gehört mir, es ist auf meinem Land; und du bist ein toter Mann.« – »So haben wir nicht gewettet«, sagt der Hirte, »es gibt nichts, was nicht leichter gesagt als getan ist.«

Sie gehen aufeinander los und umfassen sich – er und der Riese. Der Bursche merkte, daß er weit weg von jedem Freund und nahe seinem Feind war. Er zog das große scharfgeschliffene Schwert und drang auf den Riesen ein, und im Hin und Her des Kampfes sprang der schwarze Hund auf des Riesen Rücken. Der Hirte tat einen Streich mit dem Schwert, und der Kopf des Riesen war ab im Nu.

Er sprang auf das schwarze Pferd und suchte nach dem Haus des Riesen. Er kam zu einer Tür, und in der Eile hatte der

Riese Tür und Tor offen gelassen. So ging der Hirte hinein und fand Überfluß und Geld die Menge, auch Kleider aller Art in den Schränken, gestickt mit Gold und Silber, ein jedes Ding noch schöner als das vorige. Bei Anbruch der Nacht machte er sich auf den Weg nach des Königs Schloß, aber er nahm nicht das geringste mit vom Haus des Riesen. Als das Vieh am Abend gemolken wurde, war Milch genug da. Diesmal bekam er eine gute Mahlzeit, Essen und Trinken in Hülle und Fülle, und der König war sehr erfreut, daß er einen solchen Hirten gefunden hatte. Eine Zeitlang ging es so weiter, aber schließlich wurde das Gras in dem Tal spärlich, und die Weide war nicht mehr so gut.

Da dachte der Hirte, er solle wohl ein bißchen weiter in des Riesen Land hineingehen, und bald sieht er eine große Weide voller Gras. Er kehrt zurück zu seiner Herde und bringt sie allesamt auf die neue Weide.

Sie grasten dort erst eine kleine Weile, als ein großer wilder Riese angerast kam, voll Zorn und Wut. »Hiu! Hau!! Hogaraich!!!« schrie der Riese. »Ein Trunk von deinem Blut wird es sein, der meinen Durst heute abend löschen soll.« – »Das steht noch nicht fest«, sagte der Hirte, »denn das ist leichter gesagt als getan.« Und die beiden Männer gingen aufeinander los. Das gab ein Klingenkreuzen! Zu guter Letzt schien es, als ob der Riese den Sieg über den Hirten erlangen würde. Da rief dieser seinen Hund, und mit einem Satz sprang der schwarze Hund dem Riesen an die Kehle, und schnell hieb ihm der Hirte den Kopf ab.

Diesmal ging er sehr müde heim, doch wäre es seltsam zugegangen, wenn des Königs Vieh keine Milch gehabt hätte. Die ganze Familie war hocherfreut, daß sie einen solchen Hirten gefunden hatten. Eine Weile trieb er nun seine Herde auf diese Wiese, aber eines Abends, als er heimkam, wurde er nicht wie sonst freudig begrüßt und willkommen geheißen, statt dessen fand er alle weinend und wehklagend.

Er fragte, warum sie so wehklagten. Das Milchmädchen sagte, ein riesiger Drache mit drei Köpfen wohne im See und müsse jedes Jahr einen Menschen haben; dieses Jahr nun sei das Los auf die Tochter des Königs gefallen, »und am Mittag des morgigen Tages soll sie das greuliche Ungeheuer am oberen Ende des Sees erwarten, aber ein tapferer Freier ist da, der wird sie erretten.«

»Was für ein Freier ist das?« sagte der Hirte. »Oh, es ist ein großer General«, sagte das Milchmädchen, »und wenn er das Ungeheuer tötet, wird er die Königstochter heiraten, denn der König hat gesagt, daß der, welcher seine Tochter rettet, sie zur Frau haben solle.«

Am nächsten Tag aber, als die Zeit herankam, gingen die Königstochter und der große Kriegsheld hin, um den Drachen zu erwarten, und sie kamen zu der schwarzen Schlucht am oberen Ende des Sees. Sie waren erst eine kurze Zeit dort, als das Ungeheuer in der Mitte des Wassers auftauchte; als aber der General den über alle Maßen furchtbaren Drachen mit den drei Köpfen sah, überfiel ihn die Angst, und er schlich sich davon und versteckte sich. Die Königstochter stand mit Furcht und Zittern da und hatte weit und breit niemanden, der sie errettet hätte. Mit einem Mal sieht sie einen stattlichen, schönen jungen Mann auf einem schwarzen Roß heranreiten. Er war auf das herrlichste geschmückt und in voller Waffenrüstung, und sein schwarzer Hund lief hinter ihm her. »Ich sehe Kummer auf deinem Angesicht, Mädchen«, sagte der Jüngling. »Was tust du hier?« – »Oh, das soll dich nicht kümmern«, sagte die Königstochter. »Ich werde jedenfalls nicht lange hier sein.« – »Das ist nicht so sicher«, sagte er. »Ein anderer, so tapfer wie du, ist geflohen, vor nicht allzulanger Zeit«, sagte sie. »Tapfer ist der, der den Kampf besteht«, sagte der Jüngling. Er legte sich an ihrer Seite nieder und sagte zu ihr, sie solle ihn, wenn er einschliefe, aufwecken, sobald sie das Ungeheuer zum Ufer kommen sehe. »Was wird dich aufwecken?« sagte sie. »Aufwecken wird mich, wenn du den Goldring von deinem Finger an meinen kleinen Finger steckst.«

Sie waren noch nicht lange da, als sie den Drachen zum Ufer kommen sah. Sie nahm einen Ring von ihrem Finger und steckte ihn an den kleinen Finger des Burschen. Er erwachte und lief dem Untier entgegen, mit seinem Schwert und seinem Hund. Da gab es ein Schäumen und Spritzen im Wasser, zwischen ihm und dem Untier! Der Hund tat, was er konnte, die Königstochter aber war wie gelähmt vor Furcht bei dem Getöse. Bald waren sie unten und bald wieder oben. Doch zuletzt schlug er dem Drachen eines seiner Häupter ab. Der gab einen einzigen furchtbaren Schrei von sich: »Raivic!«, und der Sohn der Erde Mactalla von den Felsen – das Echo – antwortete auf den Schrei, und der Drache wühlte den See zu einem einzigen Wirbel auf von einem Ende zum andern und war schneller als der Blitz verschwunden.

»Das Glück war mit dir, und der Sieg war dir treu, Jüngling!« sagte die Königstochter. »Ich bin gerettet, aber nur für eine Nacht, denn der Drache wird wiederkommen, immer wieder, so lange, bis auch seine beiden anderen Häupter abgeschlagen sind.« Der Hirte nahm den Kopf des Tieres, zog eine Weidenrute hindurch und sagte zur Königstochter, sie solle den Kopf am andern Tage wieder mitbringen. Sie ging heim, mit dem Kopf auf ihrer Schulter, und der Hirte begab sich zu den Kühen; aber sie war noch nicht weit gegangen, als der große General sie kommen sah, und er drohte, er werde sie töten, wenn sie nicht sage, daß er es war, der dem Tier den Kopf abgeschlagen habe. »Oh!« sagt sie, »gewiß werde ich das sagen. Wer sonst sollte denn auch dem Tier den Kopf abgeschlagen haben, wenn nicht du?« Sie kamen zum Haus des Königs, und der General hatte den Kopf über die Schulter gehängt. Der Jubel war groß, daß sie heil und lebendig heimkam. Am andern Morgen brachen sie wieder auf, und niemand zweifelte daran, daß der Held die Königstochter auch diesmal erretten werde.

Sie gingen zu derselben Stelle, und sie waren noch nicht lange da, als das schreckliche Ungeheuer in der Mitte des Sees wieder auftauchte, und der Kriegsheld schlich sich davon wie am Tag zuvor. Doch nicht lange danach kam der Mann auf dem schwarzen Roß, in ein anderes Gewand gekleidet. Trotzdem merkte sie, daß es derselbe Mann war. »Ich bin voller Freude, dich zu sehen«, sagt sie. »Ich hoffe sehr, du wirst dein großes Schwert gebrauchen, wie du es gestern getan hast. Komm zu mir und ruhe dich aus.« Aber es dauerte nicht lange, da sahen sie das Ungeheuer die Wasser aufwühlen in der Mitte des Sees.

Der Bursche legte sich nieder neben der Königstochter und sagte zu ihr: »Wenn ich einschlafe, ehe das Untier kommt, wecke mich auf.« – »Was wird dich aufwecken?« – »Aufwecken wird mich, wenn du den Ohrring, der in deinem Ohr ist, in meines tust.« Er war kaum in Schlaf gefallen, als die Königstochter rief: »Wach auf! Wach auf!« Aber er wachte nicht auf, da nahm sie den Ohrring von ihrem Ohr und hängte ihn in das Ohr des Jünglings. Sogleich wachte er auf und lief dem Untier entgegen. Da gab es erst recht ein Holterdiepolter, hierhin und dorthin, ein Platschen und Klatschen, Toben und Brüllen zwischen dem Tier und dem Mann! Sie kämpften so fort eine lange Zeit, und bei Anbruch der Nacht schlug er dem Drachen ein weiteres Haupt ab. Er zog es auf die Weidenrute, sprang auf sein schwarzes Roß und begab sich zu seiner Herde. Die Königstochter ging heim mit den Köpfen. Der General trat zu ihr, nahm ihr die Köpfe weg und befahl ihr, sie solle sagen, daß er es auch diesmal gewesen sei, der dem Tier den Kopf abgeschlagen hätte. »Wer sonst hat dem Tier den Kopf abgeschlagen, wenn nicht du?« sagte sie. Sie kamen mit den Köpfen zum Hause des Königs. Da gab es große Freude und Seligkeit. Wenn der König schon am ersten Abend voller

Hoffnung gewesen war, der große Held würde seine Tochter retten, so glaubte er es jetzt ganz sicher und hatte nicht den geringsten Zweifel, auch der dritte Kopf werde dem Untier am anderen Tag abgeschlagen.

Am nächsten Tag um dieselbe Zeit gingen die beiden fort. Der Offizier versteckte sich, wie er es jedesmal getan hatte. Die Königstochter begab sich zum Ufer des Sees. Der Held auf dem schwarzen Roß kam, und er legte sich nieder an ihrer Seite. Sie weckte ihn auf, und hängte den zweiten Ohrring an sein anderes Ohr, und er stürzte sich auf das Untier. Aber wenn der Drache an den vorigen Tagen schon mit Rütteln und Schütteln, Brüllen und Rasen gekämpft hatte, heute war er noch furchtbarer. Trotzdem schlug ihm der Hirte den dritten Kopf ab, doch erst nach hartem Kampf. Er zog ihn auf die Weidenrute, und die Königstochter ging nach Hause mit den Köpfen. Als sie zu des Königs Haus kamen, waren alle voll Glück und Freude, und der General sollte die Königstochter am nächsten Tag heiraten. Das Hochzeitsfest war im Gange, und jeder im Schloß wartete, daß der Priester kommen sollte. Aber als der Priester kam, wollte sie nur den zum Manne, der die Köpfe von der Weidenrute nehmen könne, ohne die Rute zu zerschneiden. »Wer könnte die Köpfe von der Weidenrute nehmen, wenn nicht der Mann, der sie aufgefädelt hat?« sagte der König.

Der General versuchte es, aber er konnte sie nicht losmachen, und zu guter Letzt war niemand im ganzen Hause, der nicht versucht hätte, die Köpfe von der Rute zu nehmen. Nur der Hirte hätte es noch nicht versucht, sagten die Leute. Er wurde gerufen und brauchte die Köpfe nicht lange hin und her zu drehen. »So warte ein wenig, mein Bester«, sagte die Königstochter, »der Mann, der dem Untier die Köpfe abschlug, der muß auch meinen Ring und meine beiden Ohrringe haben.« Der Hirte fuhr mit der Hand in die Tasche und warf sie auf den Tisch. »Du sollst mein Gemahl sein«, sagte die Königstochter. Der König war nicht sonderlich zufrieden, als er sah, daß seine Tochter einen Hirten heiraten sollte, doch gab er Befehl, man solle ihm ein besseres Gewand anlegen; aber seine Tochter sprach, er habe ein Gewand schöner als alle im Schloß, und so war es auch. Der Hirte legte das goldene Gewand des Riesen an, und sie heirateten am Abend desselbigen Tages.

Sie waren nun vermählt, und alles war gut. Eines Tages ergingen sie sich am Ufer des Sees, da kam ein Ungeheuer, noch viel wundersamer und schrecklicher als das erste, und riß den Mann blitzschnell mit sich fort in den See. Die Königstochter war nun voller Trauer, voller Tränen, blind vor Kummer um ihren angetrauten Gemahl, immer hingen ihre Augen an dem See. Da begegnete ihr ein alter Schmied, und sie erzählte ihm, was ihrem Gemahl widerfahren sei. Der Schmied gab ihr den Rat, das Kostbarste und Schönste von allem, was sie besaß, an dieselbe Stelle zu legen, wo das Ungeheuer ihren Gemahl geholt hatte; und das tat sie auch. Der Drache streckte die Nase heraus und sagte: »Schön sind deine Edelsteine, Königstochter.« – »Schöner als alle ist der Edelstein, den du mir genommen hast«, sagte sie. »Laß mich ein einziges Mal meinen Gemahl sehen, und du sollst alles, was du hier siehst, so lange anschauen, wie du willst.« Das Ungeheuer brachte ihn herauf. »Gib ihn mir, und du sollst alles bekommen, was du siehst«, sagte sie. Der Drache tat, was sie verlangte, und warf ihr den Gemahl heil und lebendig ans Ufer des Sees.

Kurze Zeit danach, als sie wieder am Ufer des Sees dahinwanderten, riß dasselbe Ungeheuer die Königstochter fort. Da waren alle in der Stadt voller Kummer und ihr Gemahl voller Trauer und Tränen. Er wanderte Tag und Nacht an dem Ufer des Sees auf und ab. Der alte Schmied begegnete ihm. Er sagte, es gäbe nur einen Weg, das greuliche Untier zu töten, und der sei so: »Auf dem Eiland, das in der Mitte des Sees liegt, ist Eillid Chaisfhion – die weißfüßige Hirschkuh mit den schlanksten Fesseln und dem flüchtigsten Huf«, und wenn sie auch gefangen würde, so spränge doch eine Krähe aus ihr hervor, und wenn die Krähe gefangen würde, so spränge eine Forelle aus ihr hervor, und ein Ei wäre im Maul der Forelle und die Seele des Untiers in dem Ei, und wenn das Ei zerbräche, wäre der Drache tot.

Nun gab es keinen Weg, zu dem Eiland zu kommen, denn das Untier versenkte jedes Boot und jedes Floß, das den See befuhr. Der Bursche dachte, er müsse versuchen, über die engste Stelle zu springen mit dem schwarzen Roß, und das gelang ihm auch. Das schwarze Roß sprang über die Enge und der schwarze Hund mit einem Satz hinter ihm her. Er sah die Hirschkuh Eillid und hetzte den schwarzen Hund hinter ihr her, aber wenn der schwarze Hund auf die eine Seite der Insel kam, war Eillid bereits auf der anderen. »Oh! Gut wäre es jetzt, wenn die große Dogge, die bei dem Kadaver war, hier wäre.« Kaum hatte er die Worte gesprochen, als die hilfreiche Dogge schon an seiner Seite war. Sie rannte hinter der Hirschkuh her, und die beiden Hunde brauchten nicht lange, sie zu Boden zu reißen. Aber kaum lief er herzu und packte die Hirschkuh, als eine Krähe aus ihr hervorflog. »Jetzt täte not der Falke grau, mit schärfstem Aug' und schnellstem Flug!« Kaum hatte er das gesagt, als der Falke hinter der Krähe her war, und er brauchte nicht lange, sie zur Erde zu bringen; und wie die Krähe auf den Strand fiel, springt die Forelle aus ihr heraus. »Oh, daß du jetzt bei mir wärst, o Otter!« Kaum gesagt, war der Otter schon an seiner Seite, sprang ins Wasser und holte die Forelle aus der Mitte des Sees; aber kaum war der Otter mit der Forelle an Land, als das Ei aus ihrem Maul kam. Er sprang zu und setzte seinen Fuß darauf. In diesem Augenblick war es, daß der Drache ein schreckliches Brüllen hören ließ und schrie: »Zerbrich das Ei nicht, und du sollst alles haben, was du willst.« – »Gib mir mein Weib wieder.« Im selben Augenblick war sie an seiner Seite.

Als er ihre Hand fest in seinen beiden Händen hielt, setzte er seinen Fuß auf das Ei, und das Ungeheuer starb auf der Stelle.

Der Drache war nun tot, und jetzt konnte man erst sehen, wie furchtbar er war. Die drei Köpfe waren ihm zwar abgeschlagen, doch hatte er noch Köpfe oben und Köpfe unten und Augen und fünfhundert Füße. Aber sie ließen ihn dort liegen und gingen heim, und Jubel und Entzücken war in des Königs Haus an diesem Abend. Bis jetzt hatte der Bursche dem König noch nicht gesagt, wie er die Riesen getötet hatte. Der König bedachte ihn mit großen Ehren, und er war hochgeachtet am Hofe.

Eines Tages gingen die Königstochter und ihr Gemahl spazieren, als er ein Schlößchen in einem Wald am See liegen sah; er fragte sein Weib, wer darin wohne. Sie sagte, daß niemand sich in die Nähe des Schlosses wage, denn noch keiner, der hineingegangen sei, wäre zurückgekommen, um zu erzählen, was er gesehen hätte.

»Das soll mich nicht stören«, sagte er, »noch heute nacht will ich sehen, wer darin wohnt.« – »Geh nicht, geh nicht«, sagte sie, »noch nie ist ein Mensch, der in dieses Schloß ging, zurückgekehrt.« – »Das mag sein, wie es will«, sagt er.

Er geht hin, er begibt sich zu dem Schloß. Als er zum Tor kam, trat ihm eine kleine alte Frau entgegen, die im Torweg stand und ihn mit schmeichelnden Worten anredete. »Heil und Segen dir, Fischerssohn; wie froh bin ich, dich zu sehen; groß ist die Ehre für dieses Königreich, wenn jemand wie du hierherkommt; deine Ankunft ist Ruhm für diese kleine Hütte, du mußt den Vortritt haben; Ehre, wem Ehre gebührt, geh nur und ruhe dich ein wenig aus.« Da trat er ein, aber wie er vor ihr hinaufging, gab sie ihm einen Schlag auf den Hinterkopf mit dem Slachdan druidhach, der Zauberkeule, und sofort stürzte er zu Boden.

An diesem Abend gab es Wehklagen in des Königs Schloß, und Jammern und Klagen am nächsten Morgen in des Fischers Haus. Sie fanden den Baum verdorrt, und des Fischers mittlerer Sohn sagte, sein Bruder sei tot. Er tat einen Schwur und Eid, er wolle gehen, ihn zu suchen, und er müsse wissen, wo der Leichnam seines Bruders liege. Er tat den Sattel auf sein schwarzes Roß und ritt hinter seinem schwarzen Hund her (denn die drei Söhne des Fischers hatten jeder ein schwarzes Pferd und einen schwarzen Hund), und er folgte seines Bruders Spur geradewegs, bis er zum Haus des Königs kam.

Nun glich dieser Jüngling seinem älteren Bruder so sehr, daß die Königstochter meinte, es wäre ihr eigener Mann. Er blieb im Schloß. Sie erzählten ihm, was seinem Bruder widerfahren war, und auch er wollte zu dem Schlößchen der alten Frau – ob Schlimmes oder Gutes ihm dort begegnen mochte. Zu dem Schloß ging er; und geradeso wie dem älteren Bruder, geschah es auch ihm, und mit einem einzigen Schlag der Zauberkeule warf ihn die Alte ausgestreckt neben seinen Bruder.

Als der jüngste Sohn des Fischers den zweiten Baum welken sah, sagte er, nun seien seine beiden Brüder tot und er müsse wissen, welchen Todes sie gestorben seien. Er schwang sich auf das schwarze Roß, folgte dem Hund, wie es seine Brüder getan hatten, und kam zu des Königs Haus, bevor er nur einmal anhielt. Der König war hocherfreut, ihn zu sehen; aber in das schwarze Schloß wollten sie ihn nicht gehen lassen. Doch er ließ sich nicht zurückhalten und kam auch dort hin. »Heil und Segen dir, Fischerssohn: Ich freue mich, dich zu sehen; geh nur hinein und ruhe dich ein wenig aus«, sagte die alte Frau. »Du gehst vor mir hinein, Alte: Ich mag keine Schmeichelworte *vor* dem Haus; geh nur hinein, und laß mich dann deine Rede hören.« Also ging die Alte hinein, und kaum hatte sie ihm den Rücken zugekehrt, so zog er sein Schwert und schlägt ihr den Kopf ab; doch das Schwert flog ihm aus der Hand. Und flink ergriff die Alte ihren Kopf mit beiden Händen und setzte ihn wieder auf ihren Hals, so wie er vorher gesessen hatte. Der Hund sprang das alte Weib an, sie schlug den hilfreichen Hund mit der Zauberkeule, und da lag er. Als der Jüngling das sah, war er nicht faul. Er stürzte sich auf das alte Weib, und sie packten einander, er bekam die Zauberkeule zu fassen, und streckte die Alte mit einem einzigen Schlag mitten auf den Kopf zu Boden. Dann ging er weiter hinein ins Schloß, und da sieht er seine beiden Brüder liegen, Seite an Seite. Er gab jedem einen Schlag mit der Zauberkeule, und da standen sie wieder auf den Füßen. Die ganze Siegesbeute lag nun vor ihnen im Schloß der Alten, Gold und Silber, ein jedes Stück kostbarer als das vorige. Sie kamen zurück zu des Königs Haus, und der Jubel war groß. Der König war schon sehr alt. So wurde der älteste Sohn des Fischers zum König gekrönt, und das Brüderpaar blieb einen Tag und ein Jahr in des Königs Haus. Dann machten sich die beiden auf die Heimreise mit dem Gold und Silber der Alten und mancherlei Kleinodien, die der König ihnen geschenkt hatte. Und wenn sie nicht gestorben sind, so leben sie noch heute.

Das Lichtschwert der Riesenfrauen

Es waren einmal vorzeiten ein König und eine Königin, und sie hatten einen einzigen Sohn. Doch die Königin starb, und der König heiratete eine andere Frau. Der Sohn der ersten Königin wurde Iain Direach genannt. Er war ein schmucker Bursche, und vor allem war er ein großer Jäger; es gab keinen Vogel, den er nicht heruntergeholt hätte, wenn er seinen Pfeil auf ihn schoß, und Hirsche und Rehe traf er auf sehr große Entfernung. Da war kein Tag, an dem er nicht auszog mit seinem Bogen und Köcher und ein Wildbret heimbrachte.

Eines Tages war er wieder auf Jagd und fand nirgends ein Wild, das er hätte erlegen können; nur ein blauer Falke flog über ihn hinweg; er schickte ihm einen Pfeil nach, doch nahm er ihm damit nur eine Feder aus seinem Flügel. Er hob die Feder auf, steckte sie in seine Jagdtasche und nahm sie mit nach Hause; als er nach Hause kam, sagte seine Stiefmutter zu ihm: »Was für eine Jagdbeute hast du heute mitgebracht?« Und er steckte die Hand in die Jagdtasche, nahm die Feder heraus und gab sie ihr. Seine Stiefmutter nahm die Feder und sagte: »Ich lege dir auf als Kreuze und Verwünschungen und als das Welken und Siechen des Jahres, daß du nie ohne eine Wasserlache in deinem Schuh seiest und daß du naß, kalt und lehmbeschmiert seiest, bis du mir den Vogel bringst, von dem die Feder stammt.«

Und er sagte zu seiner Stiefmutter: »Und ich lege dir auf als Kreuze und Verwünschungen und als das Welken und Siechen des Jahres, daß du mit dem einen Fuß auf der Halle und mit dem anderen auf dem Turm stehen sollst und daß dein Gesicht dem Sturm zugewendet sei, woher der Wind auch bläst, bis ich zurückkehre.« Dann ging Mac Iain Direach davon, so schnell seine Füße ihn trugen, den Vogel zu suchen, von dem die Feder stammte. Seine Stiefmutter stand mit dem einen Fuß auf dem Turm und mit dem anderen auf der Halle, bis er zurückkäme, und ihre Stirn war dem Angesicht des Sturmes zugekehrt, wie lange er auch immer ausbliebe.

Mac Iain Direach war fort, er durchwanderte die Wildnis, den Falken zu suchen, aber der Falke war nirgends zu sehen. Und es wurde schon Nacht. Die kleinen flatternden Vögel kamen aus den Spitzen der Bäume tiefer herab, von Zweig zu Zweig, zu den Wurzeln des Dorngestrüpps, und gingen zur Ruhe; doch wenn *sie* auch ruhten, *er* ruhte nicht, bis die Nacht kam, blind und finster; da ging er hin und suchte sich einen Unterschlupf bei den Wurzeln eines Dornstrauchs, und wer kam des Weges, kein anderer als An Gille Mairtean, der Fuchs, der sagte zu ihm: »Du scheinst den Kopf recht hängen zu lassen, Mac Iain Direach, auch kommst du zu keiner guten Stunde. Ich habe selbst nichts als ein Hammelbein und einen halben Schafskopf, aber es bleibt uns nichts übrig, als damit auszukommen.«

Sie zündeten ein Feuer an, brieten das Fleisch und aßen das Hammelbein und den halben Schafskopf; am nächsten Morgen sagte Gille Mairtean zu dem Königssohn: »O Sohn des Iain Direach, der Falke, den du suchst, ist bei dem großen Riesen mit den fünf Häuptern und den fünf Buckeln und den fünf Hälsen, und ich will dir zeigen, wo er sein Haus hat; mein Rat ist, du solltest hingehen und als Diener bei ihm eintreten; und sieh zu, daß du flink bei der Arbeit bist und willig alles tust, was er dir anvertraut; und vor allem sei gut zu seinen Vögeln, dann kann es wohl sein, daß er dich den Falken füttern läßt; und wenn er dich nun den Falken füttern läßt, so sei sehr gut zu ihm, bis du eine Gelegenheit findest, mit ihm davonzulaufen, wenn der Riese nicht zu Hause ist. Aber gib acht, daß nichts von ihm, nicht einmal soviel wie eine Feder, irgend etwas, was in dem Hause ist, berührt, oder es geht nicht gut aus mit dir.«

Mac Iain Direach sagte, daß er achtgeben werde, und er ging zu des Riesen Haus; er langte dort an; er schlug an die Tür.

Der Riese rief: »Wer ist da?«

»Ich bin es«, sagte Mac Iain Direach, »jemand, der sehen will, ob du einen Burschen brauchen kannst.«

»Was für eine Arbeit kannst du verrichten?« fragte der Riese.

»Ich verstehe mich darauf«, sagte Mac Iain Direach, »Vögel und Schweine zu füttern und eine Kuh zu füttern und zu melken, oder Ziegen oder Schafe zu versorgen.«

»Einen wie dich kann ich gerade brauchen«, sagte der Riese.

Der Riese kam heraus, sie machten den Lohn aus, und Mac Iain Direach sorgte auf das beste für alles, was der Riese besaß; er kümmerte sich vor allem um die Hühner und Enten. Der Riese merkte bald, wie gut er alles machte, und meinte, sein Tisch sei nie so reich besetzt gewesen, wie seitdem Mac Iain Direach gekommen sei. Er wolle lieber ein einziges Huhn haben, wie sie jetzt seien, als zwei von denen, wie er sie vorher bekommen hätte. »Mein Knecht ist so tüchtig, daß ich fast glaube, ich darf ihm den Falken zum Füttern anvertrauen.« Der Riese gab Mac Iain Direach den Falken zum Füttern, und dieser betreute ihn auf das sorgfältigste. Als der Riese sah, wie gut Mac Iain Direach für den Falken sorgte, dachte er, er könne ihm den Vogel auch anvertrauen, wenn er von Hause fort sei; so übergab ihm der Riese den Falken auch dann, und er versorgte ihn aufs allerbeste.

Der Riese meinte, nun wäre alles in bester Ordnung, und ging eines Tages von Hause fort. Und Mac Iain Direach meinte, nun sei die Zeit gekommen, mit dem Falken davonzulaufen. So ergriff er den Falken und wollte mit ihm fort. Als er aber die Türe öffnete und der Falke das Licht sah, breitete er die Flügel aus, um sich aufzuschwingen. Da berührte die Spitze einer der Federn von einem der Flügel einen der Türpfosten, und der Türpfosten gab einen schrillen Ton von sich. Der Riese kam nach Hause gerannt, packte Mac Iain Direach, nahm ihm den Falken weg und sagte: »Ich werde dir meinen Falken nicht geben, wenn du mir nicht das weiße Lichtschwert bringst, das die Riesenfrauen von Dhiurradh haben«; dann schickte der Riese Mac Iain Direach weg.

Mac Iain Direach zog wieder aus und streifte durch die Wildnis. Da begegnete ihm Gille Mairtean und sagte: »Du scheinst den Kopf recht hängenzulassen, Mac Iain Direach; du hast nicht getan, was ich dir sagte, und du wirst es nicht tun. Schlecht ist die Nacht, da du gekommen bist; ich habe nichts als ein Hammelbein und einen halben Schafskopf, doch es bleibt uns nichts übrig, als damit auszukommen.«

Sie machten Feuer, brieten das Hammelbein und den halben Schafskopf, dann aßen sie und legten sich schlafen. Am nächsten Tag sagte Gille Mairtean: »Wir wollen zum Meeresstrand gehen.«

Sie gingen hin und kamen zum Meeresstrand. Gille Mairtean sagte: »Ich will mich in ein Boot verwandeln, du sollst an Bord gehen, und ich will dich hinüberbringen nach Dhiurradh. Gehe dann zu den sieben Riesenfrauen von Dhiurradh und frage an, ob sie dich in Dienst nehmen wollen, und sei ihr Diener. Wenn sie dich fragen, was für eine Arbeit du verrichten kannst, so sage, du könntest Eisen und Stahl, Gold und Silber putzen und sie hell, klar und glänzend machen. Gib gut acht, daß du alles richtig machst, so lange, bis sie dir das weiße Lichtschwert anvertrauen. Wenn sich dann eine Gelegenheit bietet, lauf mit ihm weg. Aber sei vorsichtig, daß die Scheide nicht einen einzigen Gegenstand auf der Innenseite des Hauses berührt, sonst wird der einen schrillen Ton von sich geben, und du wirst nicht zum Ziel kommen.«

Gille Mairtean verwandelte sich in ein Boot, Mac Iain Direach ging an Bord, und sie kamen an Land in Creagan nan

Deargan, auf der Nordseite von Dhiurradh. Mac Iain Direach sprang ans Ufer und machte sich auf, um bei den sieben Riesenfrauen in Dienst zu treten. Er kam hin, er schlug an die Tür. Die sieben Riesenfrauen kamen heraus, und sie fragten, was er suche. Er sagte, er wolle sehen, ob sie nicht einen Knecht brauchten; und sie fragten ihn, was für eine Arbeit er verstünde. Er sagte, er könne Metall putzen, bis es blinke, oder Gold, Silber, Eisen und Stahl klar, weiß und schimmernd machen. Sie sagten: »Einen wie dich können wir gerade gebrauchen«, und sie machten den Lohn mit ihm aus. Er war sechs Wochen lang sehr fleißig und hielt alles aufs beste in Ordnung. Den Riesenfrauen fiel das bald auf, und sie sagten immer wieder, wenn sie sich untereinander besprachen: »Das ist der beste Knecht, den wir je gehabt haben. Wir könnten ihm wohl das weiße Lichtschwert anvertrauen.«

Die Riesenfrauen gaben ihm das weiße Lichtschwert, damit er es in Ordnung hielte. Er betreute es mit der allergrößten Sorgfalt, bis er eines Tages, als die Riesenfrauen nicht zu Hause waren, die Zeit für gekommen hielt, mit dem weißen Schwert davonzulaufen. Er steckte es in die Scheide und legte es über seine Schulter. Aber als er aus der Tür ging, berührte die Spitze der Scheide den Türsturz, und der Türsturz gab einen schrillen Ton von sich. Die Riesenfrauen rannten heim und nahmen ihm das Schwert weg; sie sagten zu ihm: »Wir wollen dir unser weißes Lichtschwert nicht eher geben, als bis du uns die goldbraune Stute des Königs von Eirinn bringst.«

Mac Iain Direach ging zum Meeresstrand, und Gille Mairtean kam zu ihm und sagte: »Du läßt den Kopf hängen, Mac Iain Direach; du hast nicht getan, was ich dir sagte, und du wirst es nicht tun. Ich habe heute zur Nacht nichts als ein einziges Hammelbein und einen halben Schafskopf, aber notgedrungen müssen wir damit auskommen.«

Sie zündeten ein Feuer an, brieten das Fleisch und wurden satt davon. Am nächsten Tag sagte Gille Mairtean zu Mac Iain

Direach: »Ich will mich in eine Barke verwandeln, du sollst an Bord gehen, und ich will fort nach Eirinn mit dir segeln. Wenn wir nach Eirinn kommen, so gehe zum Hause des Königs und bitte,; daß er dich als Stallburschen einstelle. Wenn du das erreicht hast, sei flink und willig, und scheue dich nicht, jede Arbeit zu übernehmen. Halte die Rosse und das Geschirr gut in Ordnung, bis der König dir die goldbraune Stute anvertraut. Wenn du dann eine Gelegenheit findest, mach dich aus dem Staube mit ihr; aber gib gut acht, wenn du sie herausführst, daß nichts von ihr etwas berührt, was innerhalb des Tores ist, außer der Unterseite ihrer Hufe, denn sonst wird dir dein Plan nicht gelingen.«

Dann nahm Gille Mairtean die Gestalt einer Barke an, Mac Iain Direach ging an Bord, und die Barke segelte mit ihm nach Eirinn. Als sie den Strand von Eirinn erreichten, sprang Mac Iain Direach an Land und ging zum Hause des Königs. Der Torwächter fragte ihn, wo er hin wolle, und er antwortete, er wolle wissen, ob der König einen Stallburschen brauche; da ließ ihn der Torwächter durch. Er kam zu des Königs Haus; er schlug an die Tür; der König kam heraus und sagte: »Was suchst du hier?« Er sprach: »Mit Verlaub, ich kam, um zu fragen, ob Ihr nicht einen Stallburschen braucht.«

Der König sagte: »Worauf verstehst du dich?« Er sprach: »Ich kann die Pferde putzen und füttern, das Silberzeug und das Eisenzeug putzen und alles glänzend machen.«

Der König machte den Lohn mit ihm aus, und der Bursche ging in den Stall, dort hielt er alles in bester Ordnung. Er sorgte vorzüglich für die Pferde, er fütterte sie gut und putzte sie, daß ihr Fell blank und glatt war; auch das Silberzeug und das Eisenzeug gleißten und glänzten. Der König hatte das alles nie zuvor so gut in Stand gesehen. Er sagte: »Das ist der beste Stallbursche, den ich je gehabt habe. Ich kann ihm wohl die goldbraune Stute anvertrauen.«

Der König gab also die goldbraune Stute Mac Iain Direach

in Pflege; und Mac Iain Direach sorgte auf das allerbeste für die braune Stute. Er putzte sie, bis ihr Fell so glatt und schlüpfrig war, daß sie den einen Wind hinter sich ließ und den andern einholte. Der König hatte sie noch nie so gut in Stand gesehen.

Der König ritt eines Tages auf die Jagd, und Mac Iain Direach dachte, das sei der rechte Augenblick, mit der goldbraunen Stute davonzulaufen. Er schirrte sie an mit allem, was dazugehörte, Zaumzeug und Sattel. Doch als er sie aus dem Stall führen wollte, mußte er sie durch das Tor bringen, und in dem Augenblick schlug sie mit dem Schwanz. Da berührte die Spitze ihres Schwanzes den einen Pfosten des Tores, und der gab einen schrillen Ton von sich. Der König kam herbeigerannt, nahm Mac Iain Direach die Stute weg und sagte: »Ich werde dir die goldbraune Stute nicht geben, ehe du mir die Tochter des Königs von Frankreich gebracht hast.«

So blieb Mac Iain Direach nichts übrig, als zu gehen. Wie er in die Nähe des Meeresstrandes kam, traf er Gille Mairtean, und der sagte zu ihm: »Du läßt die Ohren hängen, o Sohn des Iain Direach; du hast nicht getan, was ich dir sagte, und du wirst es nicht tun; wir müssen nun nach Frankreich gehen. Ich will mich in ein Schiff verwandeln, du sollst an Bord gehen, und ich werde nicht lange Zeit brauchen, um dich nach Frankreich zu bringen.«

Gille Mairtean nahm die Gestalt eines Schiffes an, Mac Iain Direach ging an Bord und Gille Mairtean segelte mit ihm nach Frankreich. Er schob sich auf eine Klippe, weit hinauf aufs trockene Land; dann sagte er zu Mac Iain Direach: »Geh zu des Königs Haus und bitte um Hilfe. Sage, daß dein Kapitän über Bord gegangen und dein Schiff gestrandet sei.«

Mac Iain Direach ging zu des Königs Haus und schlug an die Türe; ein Mann kam heraus, um zu sehen, wer da wäre; er erzählte seine Geschichte und wurde eingelassen. Der König fragte, wo er her sei und was er hier mache. Er erzählte, es sei ihm schweres Unheil widerfahren; ein gewaltiger Sturm habe ihn überfallen, und der Kapitän sei über Bord gegangen. Dann wäre sein Schiff gestrandet und von den Wellen auf eine Klippe geworfen worden. Nun wisse er nicht, wie er es wieder flottbekommen solle.

Der König und die Königin, die ganze Familie, sie gingen alle zusammen zum Strand, um das Schiff zu sehen. Wie sie nun das Schiff betrachteten, erhob sich eine unaussprechlich süße Musik an Bord, und die Tochter des Königs von Frankreich ging mit Mac Iain Direach auf das Schiff, um zu sehen, woher die Musik käme; aber wenn sie in der einen Kajüte waren, war die Musik in der nächsten; zuletzt hörten sie die Klänge auf dem Oberdeck, und wie sie hinaufkamen, war das Schiff auf dem offenen Meere und kein Land mehr zu sehen. Da sagte die Königstochter: »Schlecht ist der Streich, den du mir gespielt hast. Wohin fährst du mit mir?«

»Ich fahre nach Eirinn mit dir«, sagte Mac Iain Direach, »um dich dem König von Eirinn als Frau zu bringen, damit ich von ihm die goldbraune Stute bekomme und diese den Riesenfrauen von Dhiurradh bringen kann. Dann bekomme ich von ihnen ihr weißes Lichtschwert und kann es dem großen Riesen mit den fünf Häuptern und fünf Buckeln und fünf Hälsen bringen, damit ich von ihm den blauen Falken bekomme und ihn mit zu meiner Stiefmutter nehmen kann; so werde ich befreit von meinen Kreuzen und Verwünschungen und allen schlimmen Seuchen des Jahres.« Da sagte die Tochter des Königs von Frankreich: »Ich möchte lieber deine Frau werden als die des Königs.«

Als sie nun an die Küste von Eirinn kamen, nahm Gille Mairtean die Gestalt einer schönen Frau an und sagte zu Mac Iain Direach: »Du sollst die Tochter des Königs von Frankreich hierlassen, bis wir zurückkehren, und ich will mit dir zum König von Eirinn gehen. Er soll eine Frau bekommen, an der er genug hat.«

Mac Iain Direach ging mit Gille Mairtean in Gestalt eines schönen Mädchens, das hatte seine Hand in Mac Iain Direachs Arm gelegt. Als der König von Eirinn sie kommen sah, ging er ihnen entgegen. Er holte die goldbraune Stute, und sie bekam einen goldenen Sattel auf den Rücken und ein silbernes Zaumzeug angelegt. Mac Iain Direach ging mit der goldbraunen Stute dorthin, wo die Tochter des Königs von Frankreich war. Der König von Eirinn war sehr entzückt von dem jungen Weib, aber er hatte keine Ahnung, daß er Gille Mairtean bekommen hatte. Die beiden waren noch nicht lange zur Ruhe gegangen, als Gille Mairtean auf den König sprang und ihn zerfleischte; nicht das kleinste Bißchen Fleisch ließ er an seinem Rücken zwischen dem Nacken und den Hüften, alles riß er weg. Gille Mairtean ließ den König von Eirinn als elenden Krüppel zurück und lief dorthin, wo Mac Iain Direach war, mit der Tochter des Königs von Frankreich und der goldbraunen Stute.

Da sagte Gille Mairtean: »Ich will die Gestalt eines Schiffes annehmen, ihr sollt an Bord gehen, und ich will euch nach Dhiurradh bringen.« Er verwandelte sich in ein Schiff, und Mac Iain Direach brachte zuerst die goldbraune Stute hinein; danach gingen er selbst und die Tochter des Königs von Frankreich hinein, und Gille Mairtean fuhr mit ihnen nach Dhiurradh. Sie gingen an Land bei Creagan nan Deargan in Cillamhoire, an der Nordspitze von Dhiurradh. Als sie an Land waren, sagte Gille Mairtean: »Laß die goldbraune Stute hier und die Königstochter, bis du zurückkommst; ich will mich in eine Stute verwandeln; dann will ich mit dir zu den Riesenfrauen von Dhiurradh gehen und werde ihnen das Gelüste nach einer Stute austreiben.«

Dann verwandelte Gille Mairtean sich in eine Stute. Mac Iain Direach legte den goldenen Sattel auf seinen Rücken und das silberne Zaumzeug auf seinen Kopf und ging zu den sieben Riesenfrauen von Dhiurradh. Als die sieben Riesenfrauen ihn kommen sahen, gingen sie ihm entgegen mit dem weißen Lichtschwert und übergaben es ihm. Mac Iain Direach nahm den goldenen Sattel von Gille Mairteans Rücken und das silberne Zaumzeug von seinem Kopf und ließ ihnen die Stute da. Er selbst ging mit dem weißen Lichtschwert dorthin, wo er die Tochter des Königs von Frankreich und die goldbraune Stute gelassen hatte, die er vom König von Eirinn bekommen hatte. Die Riesenfrauen von Dhiurradh dachten, sie hätten nun die goldbraune Stute des Königs von Eirinn, und hatten große Eile, darauf zu reiten. Sie legten einen Sattel auf ihren Rücken und zäumten sie auf, und eine von ihnen setzte sich auf ihren Rücken, eine zweite setzte sich auf den Rücken der ersten und eine dritte auf deren Rücken. So ging es weiter, bis, eine nach der anderen, alle sieben Riesenfrauen auf Gille Mairteans Rücken saßen, in dem Glauben, sie ritten auf der goldbraunen Stute. Eine von ihnen gab Gille Mairtean einen Schlag mit der Gerte, und der jagte los und raste kreuz und quer mit ihnen durch die Hochmoore in den Bergen. Schließlich lief er in wilden Sprüngen hoch hinauf auf den Gipfel des Berges Monadh in Dhiurradh. Er kam zur Spitze der großen Felsklippe, die da ist, und stellte sich mit dem Kopf zum Abgrund. Dann stemmte er die beiden Vorderhufe am Rand des Felsens ein, warf die Hinterhand hoch und schleuderte die sieben Riesenfrauen über die Klippe. Darauf ging er lachend dorthin, wo Mac Iain Direach und die Tochter des Königs von Frankreich waren, mit der goldbraunen Stute und dem weißen Lichtschwert.

Gille Mairtean sagte: »Ich will mich in ein Boot verwandeln, und du sollst an Bord gehen mit der Königstochter, der goldbraunen Stute und dem weißen Lichtschwert. Dann bringe ich dich übers Meer.«

Gille Mairtean nahm die Gestalt eines Bootes an, Mac Iain Direach brachte das Lichtschwert und die goldbraune Stute an Bord und ging dann selbst mit der Tochter des Königs von

Frankreich hinein. Gille Mairtean fuhr mit ihnen übers Meer. Als sie die Küste erreichten, nahm Gille Mairtean wieder seine eigene Gestalt an und sagte zu Mac Iain Direach:

»Laß die Tochter des Königs von Frankreich, die goldbraune Stute des Königs von Eirinn und das weiße Lichtschwert hier, ich will mich in ein Lichtschwert verwandeln; nimm du mich mit zu dem Riesen und übergib mich ihm für den Falken. Ich will dafür sorgen, daß er für immer genug von Schwertern hat.«

Gille Mairtean verwandelte sich in ein Schwert, und Mac Iain Direach nahm ihn mit zu dem Riesen. Als der Riese ihn kommen sah, steckte er den blauen Falken in einen Weidenkorb und übergab ihn Mac Iain Direach. Dieser ging damit zu der Stelle, wo er die Tochter des Königs von Frankreich gelassen hatte, die goldbraune Stute und das weiße Lichtschwert.

Der Riese ging ins Haus, Gille Mairtean in seiner Hand, und dachte, es wäre das weiße Lichtschwert der Riesenfrauen von Dhiurradh, was er da hätte. Er fing an, Streiche und Stöße damit zu versuchen, doch zuletzt holte Gille Mairtean selbst aus, fuhr dann hernieder und schlug die fünf Häupter des Riesen in einem Streich ab. Darauf ging er zu Mac Iain Direach und sagte zu ihm: »Sohn Johanns des Aufrechten, lege den Sattel von Gold auf den Rücken der Stute und das silberne Zaumzeug auf ihren Kopf, du selbst sollst sie reiten. Nimm die Tochter des Königs von Frankreich hinter dich aufs Pferd und trage das weiße Lichtschwert mit dem Griff gegen deine Nase gerichtet; denn sonst wird deine Stiefmutter dich verzaubern, sobald sie dich sieht, sie hat einen Blick, der tödlich ist, und du wirst hinstürzen wie ein Bündel Reisig. Wenn aber der Griff des Schwertes gegen deine Nase und die Schneide gegen sie gerichtet ist, so wird sie selbst umfallen wie ein Bündel trockener Stecken, sobald sie versucht, dich zu verzaubern.«

Mac Iain Direach machte es, wie Gille Mairtean ihm gesagt hatte. Als er in Sichtweite des Hauses kam und seine Stiefmutter ihn anblickte mit tödlich bannendem Blick, fiel sie um als ein Bündel Holz, und Mac Iain Direach steckte sie in Brand. Nun brauchte er nichts auf der Welt mehr zu fürchten. Er hatte die beste Frau in Albainn bekommen, und die goldbraune Stute war so schnell, daß sie den einen Wind hinter sich lassen und den anderen einholen konnte. Der blaue Falke brachte ihm reichlich Jagdbeute zu, und das weiße Lichtschwert hielt jeden Feind ab. So war Mac Iain Direach für alle Zeiten glücklich und zufrieden.

Sagte Mac Iain Direach zu Gille Mairtean: »Es soll dir immer freistehen, du unsteter Geselle, mein Gebiet zu durchstreifen und dir jedes Tier, nach dem du Verlangen hast, zu nehmen; ich will allen meinen Dienern Anweisung geben, daß sie dich nicht töten, noch irgendeinen deines Stammes, was für ein Stück du dir auch aus der Herde holst.«

Sagte Gille Mairtean: »Behalte du deine Herde für dich. Es gibt noch manch einen anderen, der Hammel und Schafe hat so wie du; und ich werde anderswo genug Fleisch bekommen, ohne dich zu schädigen.«

Der Fuchs wünschte dem Sohn des Aufrechten Johann Heil und Segen und ging von dannen. Und da hat auch die Geschichte ein Ende.

Die Frau aus Wastness

Es geschah eines Tages, daß der Bauer aus Wastness am Strand entlangging und auf einem flachen Felsen eine Menge Robbenvolk sah. Einige lagen und sonnten sich, während andere ausgelassen umhersprangen und tollten. Sie waren alle nackt, und ihre Haut war so weiß wie seine eigene. Der Fels, auf dem sie sich vergnügten, lag so, daß auf der Seeseite tiefes Wasser war, auf der Uferseite aber war nur ein flacher Tümpel.

Der Mann aus Wastness kroch unbemerkt näher, bis er zum Rand des flachen Tümpels kam, dann sprang er auf und stürzte durch den Tümpel vor zu dem Felsen. Das Robbenvolk ergriff seine Felle und sprang ins Wasser, aber so flink sie auch waren, der Mann war noch flinker. Er packte eines der Felle, das einem unglückseligen Mädchen gehörte, welches es bei der Flucht vor Schreck hatte liegenlassen. Das Robbenvolk schwamm ein kleines Stück hinaus, dann wandten sich alle um, reckten die Köpfe hoch und blickten den Mann an. Es fiel ihm auf, daß eines der Geschöpfe nicht gleich den übrigen wie eine Robbe aussah. Darauf nahm er das Fell unter den Arm und machte sich auf den Heimweg. Aber bevor er über den trockenen Sand weg war, hörte er ein jammervolles Weinen hinter sich; und als er sich umdrehte, sah er, daß eine schöne Frau ihm folgte. Es war die Meerfrau, deren Fell er weggenommen hatte. Sie bot einen erbarmungswürdigen Anblick, schluchzte bitterlich, streckte die Hände aus und rief: »O guter Mann, wenn du in deinem Menschenherzen Erbarmen fühlen kannst, so gib mir mein Fell zurück. Ich kann nicht, wahrhaftig nicht, ohne es leben im Meer. Ich kann nicht, wahrhaftig nicht, bei meinem eigenen Volk bleiben ohne mein Fell. Oh, hab Mitleid mit einem armen betrübten,

verlorenen Mädchen, wenn du je auf Barmherzigkeit hoffst für dich selbst!«

Der Mann war nicht besonders weichherzig, aber er konnte nicht anders als Mitleid mit ihr haben, und mit dem Mitleid kam die Liebe. So drang er so lange in sie, bis sie ihm – wenn auch widerwillig – zusagte, als sein Weib mit ihm zu leben. Sie wählte dies wohl als das kleinere Übel – ohne das Fell konnte sie nicht leben im Meer, und er weigerte sich unerbittlich, das Fell herzugeben.

So ging das Meermädchen mit dem Mann und lebte mit ihm manchen Tag und manches Jahr und war ihm eine sparsame, tüchtige und freundliche Hausfrau.

Sie gebar dem Mann sieben Kinder, vier Knaben und drei Mädchen. Und es gab keine schöneren Mädchen oder stattlicheren Knaben auf allen Inseln ringsum. Aber obwohl die Frau aus Wastness zufrieden und manchmal sogar fröhlich war, schien ihr doch zuzeiten eine schwere Last auf dem Herzen zu liegen; und oft ging ihr sehnsüchtiger Blick hinaus aufs Meer. Sie brachte ihren Kindern manch seltsames Lied bei, das kein Mensch auf Erden je zuvor gehört hatte. Aber obwohl sie ein Meergeschöpf war, führte der Mann doch ein glückliches Leben mit ihr.

Nun geschah es eines Tages, daß der Mann aus Wastness und seine drei ältesten Söhne in seinem Boot zum Fischen ausgefahren waren. Da schickte die Frau drei von den übrigen Kindern zum Strand, daß sie Meerschnecken und Muscheln sammelten. Das jüngste Mädchen aber mußte zu Hause bleiben, denn es hatte sich am Fuß verletzt. Darauf begann die Frau, das ganze Haus von oben bis unten auf das allergründlichste nach ihrem lange verlorenen Fell zu durchsuchen, wobei sie so tat, als wolle sie einen großen Hausputz veranstalten. Sie suchte oben, sie suchte unten; sie suchte draußen, und sie suchte drinnen; sie suchte vor dem Haus, und sie suchte in dem Haus, aber nirgends konnte sie ein Fell entdecken; das währte, bis die Sonne schon ganz nach Westen gewandert war. Das jüngste Mädchen saß auf einem Stühlchen und hatte den wehen Fuß auf einen Schemel gelegt. Sie sagte zu ihrer Mutter:

»Mütterchen, wonach suchst du?«

»O Kind, frage nicht«, sagte die Mutter, »ich schaue mich nur nach einem guten Fell um, einen weichen Schuh für dich zu machen, damit dein Fuß besser heilt.«

Sagt das Mädchen: »Kann sein, daß ich weiß, wo eines ist. Einmal nämlich, als du ausgegangen warst und der Vater dachte, ich schliefe in meinem Bett, holte er ein schönes Fell herunter. Er schaute es eine kleine Weile an, dann faltete er es wieder zusammen und schob es unter den Dachbalken gerade über dem Bett.«

Als die Mutter das hörte, lief sie zu der Stelle hin und zog ihr eigenes Fell heraus, das dort so lange verborgen gewesen war.

»Leb wohl, Töchterchen!« sagte sie zu dem Kind, warf die Haut um und stürzte sich mit einem wilden Freudenschrei ins Meer. Eine große Robbe kam ihr entgegen und schien sie mit Entzücken zu begrüßen. Der Mann aus Wastness ruderte gerade heim und sah die beiden vom Boot aus. Sie enthüllte ihr Gesicht und rief:

»Mann von Wastness, lebe wohl! Ich habe dich gern gehabt, du warst immer gut zu mir, aber weit mehr als dich liebe ich meinen Mann im Meer!«

Und das war das letzte, was er je sah oder hörte von seinem schönen Weib.

Schwänke und Schelmenstreiche

Farquhar der Heiler

Farquhar war ein Viehtreiber in der Gegend der Reayschen Ländereien, und er ging von Glen Gollig nach England, um Vieh zu verkaufen; und der Stab, den er in der Hand trug, war von einem Haselstrauch. Eines Tages begegnete ihm ein Doktor. »Was ist das«, fragte er, »was du da in der Hand trägst?« – »Es ist ein Stab aus Haselholz.« – »Und wo hast du den geschnitten?« – »In Glen Gollig, im Norden, auf Lord Reays Land.« – »Kannst du dich an den Ort und den Strauch erinnern?« – »Gewiß kann ich das.« – »Kannst du noch mehr von dem Strauch holen?« – »Ja, ohne Schwierigkeit.« – »Nun, ich will dir Gold geben, soviel, daß du es nicht heben kannst, wenn du dorthin zurückgehen und mir eine Rute von dem Haselstrauch holen willst; nimm diese Flasche und bringe mir noch etwas anderes mit, dann sollst du noch einmal soviel Gold haben. Stelle dich an das Loch am Fuß des Strauches und halte die Flasche davor; laß die sechs Schlangen, die zuerst herauskommen, vorbei, und stecke die siebente in die Flasche. Erzähle keinem Menschen davon, sondern komme so schnell wie möglich mit ihr hierher zurück.«

Also ging Farquhar heim zu der Schlucht mit den Haseln, und nachdem er ein paar Zweige von dem Strauch geschnitten hatte, schaute er sich nach dem Loch um, von dem der Doktor gesprochen hatte; und was kam da heraus, wenn nicht sechs Schlangen, braun und gestreift wie Nattern. Diese ließ er heraus, hielt dann die Flasche vor die Mündung des Loches und wartete, ob noch etwas käme. Und es kam ein weißer Schlangenkönig aus dem Loch geschlüpft. Farquhar hatte ihn in kürzester Zeit in der Flasche, band diese gut zu und eilte, so schnell er konnte, damit nach England.

Der Doktor gab ihm soviel Silber, daß er alle Reayschen

Ländereien hätte kaufen können, fragte ihn aber auch, ob er bei ihm bleiben und ihm mit der weißen Schlange helfen wolle. Sie zündeten ein Feuer aus Haselstecken an und taten die Schlange in einen Topf, sie zu kochen. Der Doktor trug Farquhar auf, gut achtzugeben, daß niemand daran rühre und daß der Dampf nicht entweiche, »denn ich möchte nicht«, sagte er, »daß die Leute merken, was wir hier machen.«

Also wickelte er Papier um den Deckel des Topfes, aber er hatte es noch nicht überall darübergezogen, als das Wasser schon zu kochen begann, und so kam der Dampf an einer Stelle heraus.

Als Farquhar das sah, wollte er das Papier um den Topf herunterziehen; dabei kam er mit seinem Finger an den Rand und steckte ihn dann in den Mund, denn er war von der Brühe benetzt.

Und, o Wunder! In dem Augenblick wußte er alles, und die Augen seines Geistes waren geöffnet. »Das werde ich wohl am besten für mich behalten«, sagte er zu sich selbst.

Gleich darauf kam der Doktor zurück und nahm den Topf vom Feuer. Er hob den Deckel auf und tauchte seinen Finger in die Dampftröpfchen, dann steckte er ihn in den Mund; aber die Kraft war heraus, und es war nichts anderes als bloßes Wasser.

»Wer hat das getan?« schrie er, und er sah Farquhar am Gesicht an, daß er es gewesen war. »Wenn du die Brühe genommen hast, so nimm auch das Fleisch!« schrie er in höchstem Zorn und warf den Topf nach ihm.

So war Farquhar allwissend geworden und ließ sich als Doktor nieder. Es gab kein Geheimnis, das ihm nicht offenbar gewesen wäre, und keine Krankheit, die er nicht hätte heilen können.

Er ging von Ort zu Ort und heilte die Menschen, und sie nannten ihn Farquhar Leigheach, Farquhar den Heiler. Nun hörte er eines Tages, daß der König krank sei, und er ging in die Hauptstadt, um zu erfahren, was dem König fehle. »Es ist sein Knie«, sagten die Leute, »er hat viele Ärzte und gibt ihnen viel Geld. Sie können ihm auch für eine Weile Erleichterung verschaffen, aber nicht für lange, und dann ist es schlimmer als je mit ihm, und man kann ihn brüllen und wimmern hören wegen der Schmerzen in seinem Knie, in den Knochen des Knies.« Eines Tages nun ging Farquhar vor dem Haus des Königs auf und ab. Und er rief dazu:

»Der schwarze Käfer auf dem weißen Knochen!«

Die Leute schauten sich nach ihm um und sagten, der fremde Mann aus Reay sei wohl nicht recht bei Trost.

Am nächsten Tag stand Farquhar am Tor und rief:

»Der schwarze Käfer auf dem weißen Knochen!«

Und der König schickte hinunter, um zu erfahren, wer da draußen so laut riefe und was er wolle. Der Mann sei ein Fremder, hieß es, und die Leute hätten gesagt, er sei ein Arzt. So ließ ihn der König, der vor Schmerzen nicht wußte wohin, hereinrufen; und alsbald stand Farquhar vor dem König und sagte in einem fort: »Der schwarze Käfer auf dem weißen Knochen!« Und das erwies sich als wahr. Die Ärzte wollten nämlich, daß der König krank bliebe und sie immer weiter ihr Geld bekämen; so hatten sie von Zeit zu Zeit einen schwarzen Käfer in die Wunde am Knie des Königs gesetzt, und das Tier fraß Knochen und Fleisch und ließ ihn Tag und Nacht vor Schmerz schreien. Dann nahmen die Ärzte den Käfer wieder heraus, aus Angst, der König könne sterben; und wenn es ihm besserging, taten sie ihn wieder hinein. Dies alles wußte Farquhar durch die Weisheit der Schlange, die sich ihm offenbarte, wenn er den Finger unter die Zähne legte; und der König wurde geheilt und ließ alle seine Ärzte aufhängen.

Darauf sagte der König, er wolle Farquhar Land und Gold geben, oder was er sich wünsche. Da sagte Farquhar, er wolle des Königs Tochter haben und alle Inseln, die das Meer bespült, von der Landspitze von Storr bis Stromness auf den

Orkneys; so übertrug ihm der König die Herrschaft über alle Inseln. Aber Farquhar der Arzt kam nie dazu, Farquhar der König zu werden, denn er hatte einen Feind, der ihm übelwollte, der vergiftete ihn, so daß er starb.

Aller Gauner Großmeister

Es war einmal vor langer, langer Zeit eine Witwe, die hatte einen einzigen Sohn. Sie sorgte dafür, daß er guten Unterricht bekam in der Hoffnung, er werde ein ordentliches Handwerk erlernen. Er aber sagte, er habe nicht die geringste Absicht, etwas Tüchtiges zu lernen, sondern er wolle ein Dieb werden.

Da sagte seine Mutter zu ihm: »Wenn das das Handwerk ist, das du erwählen willst, so wird es einmal dein Ende sein, an der Brücke von Baile Cliath[1] in Eirinn gehängt zu werden.«

Aber es half alles nichts, er wollte sich zu keinem anderen Handwerk als dem eines Diebes bequemen; und seine Mutter prophezeite ihm immer wieder, sein Ende würde sein, daß er an der Brücke von Baile Cliath, in Eirinn, gehängt werde.

An einem Tag von allen Tagen ging die Witwe zur Kirche, um die Predigt zu hören, und bat ihren Sohn, mitzukommen und seine schlimmen Wünsche aufzugeben; aber er wollte nicht mitgehen; doch sagte er zu ihr: »Das erste Handwerk, das du wirst nennen hören, nachdem du aus der Predigt kommst, soll das sein, dem ich mich später zuwenden will.«

Sie ging zur Kirche voll guten Mutes, in der Hoffnung, sie werde etwas Rechtes hören.

Der Sohn machte sich auch auf und ging zu einem Gebüsch, das in der Nähe der Kirche war, und versteckte sich dort an einer Stelle, wo er seine Mutter sehen konnte, wenn sie aus der Kirche käme; und sobald er sie kommen sah, schrie er aus Leibeskräften: »Diebe! Diebe! Dieberei!« Sie schaute sich um, aber sie konnte nicht herausfinden, woher die Stimme kam, und ging heim. Der Junge lief einen kürzeren Weg nach Hause und war vor seiner Mutter dort; er saß schon

1 Dublin

drinnen am Feuer, als sie hereinkam, und fragte sie, was für eine Geschichte sie mitbrächte. Sie antwortete, daß sie überhaupt keine Geschichte mitbrächte, sondern, daß »Diebe, Diebe, Dieberei« die ersten Worte gewesen seien, die sie gehört hätte, als sie aus der Kirche kam.

Er sagte: »Das ist das Handwerk, das ich betreiben will.«

Und sie sagte wie gewöhnlich: »Dein Ende wird sein, daß du an der Brücke von Baile Cliath, in Eirinn, gehängt wirst.«

Am nächsten Tag dachte die Mutter bei sich, da nun einmal nichts anderes ihren Sohn befriedigen könne, als ein Dieb zu werden, so wolle sie doch wenigstens versuchen, einen guten Lehrmeister für ihn zu finden; und sie ging zu dem gadaiche dubh von Achaloinne, dem schwarzen Galgenvogel von Achaloinne, einem sehr gewandten und gerissenen Dieb, der in diesem Ort wohnte; und obgleich die Leute dort wußten, daß er sich aufs Stehlen verlegt hatte, so konnten sie doch keine Handhabe finden, ihn zu überführen. Die Witwe fragte den schwarzen Schurken, ob er ihren Sohn zu sich nehmen wolle, um ihn das Räuberhandwerk zu lehren. Der schwarze Schurke sagte, wenn es ein kluger Bursche wäre, nähme er ihn, und wenn es einen Weg gäbe, einem Dieb aus ihm zu machen, dann wolle er es schon fertigbringen; und ein Vertrag wurde geschlossen, zwischen dem schwarzen Schurken und dem Sohn der Witwe.

Als sich nun der Sohn der Witwe fertig machte, um zum schwarzen Schurken zu gehen, gab seine Mutter ihm einen Rat mit auf den Weg, und sie sagte zu ihm: »Es ist gegen meinen Willen, daß du ein Dieb wirst, und ich habe dir schon oft gesagt, daß dein Ende sein wird, an der Brücke von Baile Cliath in Eirinn gehängt zu werden.« Aber der Spitzbube ging trotzdem zu dem schwarzen Schurken.

Der schwarze Schurke lehrte nun den Jungen alles, was ihm nur dienlich sein konnte beim Stehlen; er erklärte ihm die Schliche und Kniffe des Gaunerhandwerks; und als der schwarze Schurke dachte, der Spitzbube habe nun genug gelernt, nahm er ihn mit zum Stehlen; und an einem Tag von diesen Tagen sagte der schwarze Schurke zu seinem Gehilfen: »Wir haben nun lange genug gewartet, wir müssen endlich etwas Richtiges anstellen. Es gibt einen reichen Pächter hier in der Nähe, der hat viel Geld in seiner Truhe. Er hat nämlich alles Vieh, das im ganzen Land zu haben war, aufgekauft und hat es zum Markt gebracht und verkauft; und nun hat er das Geld in seiner Truhe. Wir sollten uns schleunigst an ihn ranmachen, ehe die Leute, von denen er das Vieh hat, ihren Anteil ausbezahlt bekommen; und wenn wir nicht noch in dieser Stunde versuchen, das Geld zu ergattern, solange es noch beisammen ist, werden wir nie wieder eine solche Gelegenheit finden.«

Der Spitzbube war nicht weniger bereit als der schwarze Schurke selbst; sie schlichen also zu dem Haus des Pächters, gelangten hinein bei Anbruch der Nacht, stiegen auf den Dachboden und verbargen sich da. Es war der Vorabend von Allerheiligen. Und es waren viele Leute drinnen versammelt, um Allerheiligen tüchtig zu feiern, wie es üblich war. Sie saßen beisammen, und sie sangen Lieder und brannten zum Spaß Nüsse ab und trieben allerlei Scherz und Schabernack.

Dem Spitzbuben wurde die Zeit lang, bis die Leute auseinandergingen; er stand auf, ging hinunter in den Stall und machte allem Vieh die Halsriemen los. Dann kam er zurück und ging wieder auf den Dachboden. Das Vieh fing an, einander zu stoßen und zu brüllen. Alle Leute, die in der Stube waren, liefen hin, um das Vieh auseinanderzuhalten, bis jede Kuh wieder angebunden war; und während sie das taten, ging der Spitzbube hinunter in die Stube und stahl alle Nüsse weg. Dann kam er zurück auf den Dachboden und legte sich nieder hinter den Rücken des schwarzen Schurken.

Nun war hinter dem Rücken des schwarzen Schurken auch eine große gegerbte Kuhhaut, und der Spitzbube holte Nadel und Faden herbei, und er nähte den Saum vom Rock des schwarzen Schurken an die gegerbte Haut, die hinter ihm war; und als die Leute wieder in die Wohnstube kamen, waren ihre Nüsse weg; und sie suchten ihre Nüsse und meinten, es wäre jemand hereingekommen, um ihnen einen Streich zu spielen, und der hätte die Nüsse genommen. So setzten sie sich ans Feuer, ganz still und ohne zu reden.

Sagte der Spitzbube zum schwarzen Schurken: »Ich möchte eine Nuß knacken.«

»Du sollst keine Nuß knacken«, sagte der schwarze Schurke, »sie werden dich hören, und man wird uns fangen.«

Sagte der Spitzbube: »Noch nie habe ich Allerheiligen gefeiert, ohne Nüsse zu knacken«, und er knackte eine.

Die Leute, die unten in der Wohnstube saßen, hörten ihn und sagten:

»Da ist doch wer oben auf dem Dachboden, der knackt unsere Nüsse, wir wollen hinaufgehen und ihn fangen.«

Als der schwarze Schurke das hörte, sprang er vom Dachboden herunter, lief hinaus und zog die Kuhhaut am Rockschoß hinter sich her. Alle schrien, da sei der schwarze Schurke und hätte eine Kuhhaut gestohlen; er floh und sie hinterher, und er war schon ein großes Stück vom Hause weg, ehe es ihm gelang, die Kuhhaut abzureißen und die Leute hinter sich zu lassen. Aber in der Zeit, in der die Leute hinter dem schwarzen Schurken herrannten, kam der Spitzbube vom Dachboden herunter. Er stöberte im ganzen Haus herum, stieß auf die Truhe und nahm die Beutel, in denen das Gold und das Silber war, heraus. Dann nahm er einen Laib Brot mit und Butter und Käse, das Beste vom Besten, was er fand, und war auf und davon, ehe die Leute von ihrer Jagd auf den schwarzen Schurken zurückkamen.

Als der schwarze Schurke nach Hause kam und nichts mitbrachte, sagte sein Weib zu ihm: »Wie kommt es, daß dir dieser Ausflug mißlungen ist?«

Da erzählte der schwarze Schurke die ganze Geschichte. Er war sehr zornig auf den Spitzbuben und schwor, er werde es ihm heimzahlen, wenn er je eine Gelegenheit dazu fände.

Es war nur eine kleine Weile vergangen, als der Junge hereintrat mit der ganzen Ladung auf seinem Rücken.

Sagte das Weib des schwarzen Schurken zu ihm: »Nun möchte ich wirklich meinen, daß du der bessere Dieb bist!«

Der schwarze Schurke sagte kein einziges Wort, bis der Spitzbube die Beutel hergezeigt hatte, die voll von Gold und Silber waren, darauf sagte der schwarze Schurke: »Wahrhaftig, du bist der gewitztere von uns beiden!«

Sie teilten das Gold und das Silber in zwei Hälften, und der schwarze Schurke bekam die eine Hälfte und der Junge die andere. Als das Weib des schwarzen Schurken sah, welche Menge Gold und Silber sie bekamen, sagte sie: »Wahrhaftig, du bist der richtige Dieb!«, und seitdem hatte sie mehr Achtung vor ihm als vor dem schwarzen Schurken selbst.

In ein paar Wochen sollte eine Hochzeit sein in der Nachbarschaft; und es war in der Gegend Brauch, daß die Wohlhabenden den Brautleuten eine Hochzeitsgabe sandten. Nun gab es da einen reichen Pächter, der war auch eingeladen worden; und er trug seinem Schafhirten auf, zum Hochmoor hinaufzugehen und einen Widder für die Brautleute heimzubringen. Der Hirte ging hinauf auf den Berg und holte den Widder und ging damit heim; und er hatte ihn auf seinem Rücken, als er am Haus des schwarzen Schurken vorbeikam.

Sagte der Spitzbube zu seinem Herrn: »Worum wollen wir wetten, daß ich dem Mann da den Widder vom Rücken stehle, noch ehe er heimkommt?«

Sagte der schwarze Schurke: »Ich will hundert Taler einsetzen, daß du das nicht kannst, wie solltest du das stehlen können, was auf seinem Rücken ist?«

»Wie ich es auch anfange, versuchen will ich's«, sagte der Spitzbube.

»Nun denn, wenn du es fertigbringst«, sagte der schwarze Schurke, »will ich dir hundert Taler geben.«

»Der Handel soll gelten«, sagte der Spitzbube, und damit ging er hinter dem Hirten her.

Der Hirte mußte durch den Wald gehen, und der Spitzbube suchte sich eine Stelle, wo der andere ihn nicht sehen konnte, und lief an ihm vorbei, bis er vor ihn kam; dann tat er Schmutz in seinen Schuh, stellte seinen Schuh auf die Straße vor den Hirten und suchte sich ein Versteck; als nun der Hirte herankam und den Schuh erblickte, sagte er: »Schmutzig bist du zwar, und doch, wäre dein Geselle dabei, ich würde dich säubern«, und dann ging er weiter.

Der Spitzbube hob den Schuh auf und lief an dem Hirten vorbei und stellte seinen anderen Schuh auf die Straße. Als der Hirte herankam und den anderen Schuh vor sich auf der Straße stehen sah, sagte er zu sich selbst: »Oho, da ist ja der Geselle des schmutzigen Schuhs.«

Er legte den Widder auf den Boden und sagte zu sich selbst: »Ich will umkehren und den schmutzigen Schuh holen, wenn ich ihn säubere, werde ich zwei gute Schuhe für meine Mühe haben«, und er lief geschwind wieder zurück.

Der Spitzbube lief auch geschwind: Er nahm den Widder mit, und er nahm die beiden Schuhe mit; er ging heim zu seinem Meister, und er bekam seine hundert Taler.

Der Hirte aber ging nach Hause und erzählte seinem Herrn, was ihm widerfahren war. Der Herr schalt den Hirten; und am nächsten Tag schickte er ihn wieder hinauf in die Berge, um ein Zicklein zu holen an Stelle des verlorenen Widders.

Der Hirte ging also in die Berge und bekam ein Zicklein zu fassen und band ihm die Füße zusammen; er lud es auf seinen Rücken und ging davon, um es heimzutragen. Der Spitzbube sah ihn kommen, lief in den Wald und war vor dem Hirten dort; er versteckte sich und fing an zu blöken wie der Widder. Der Hirte dachte, es sei der Widder, der dort im Gebüsch steckte; er nahm das Zicklein herunter, ließ es am Wegrand zurück und lief, den Widder zu suchen. Als nun der Hirte auf der Suche nach dem Widder war, stahl der Spitzbube das Zicklein und ging damit heim zum schwarzen Schurken.

Als der Hirte zu der Stelle zurückkam, wo er das Zicklein gelassen hatte, war das Zicklein verschwunden, nirgends war es zu sehen; er suchte nach dem Zicklein, und als er es nicht finden konnte, ging er heim und erzählte seinem Herrn alles, was ihm widerfahren war; und der Herr schalt ihn aus, aber da war nun nichts zu machen.

Am nächsten Tag befahl der Pächter seinem Hirten, hinauf in die Berge zu gehen und einen jungen Stier heimzubringen, und er sollte gut achtgeben, daß der ihm nicht verlorenginge. Der Hirte ging hinauf in die Berge, holte einen guten fetten Stier und machte sich daran, ihn nach Hause zu treiben. Der Spitzbube sah ihn kommen und sagte zu dem schwarzen Schurken: »Komm mit, wir wollen hingehen und versuchen, ob wir dem Hirten nicht den Stier stehlen können, wenn er mit ihm durch den Wald geht.«

Der schwarze Schurke und der Spitzbube schlichen sich in den Wald, ehe der Hirte kam; und als nun der Hirte mit dem Stier durch den Wald ging, war der schwarze Schurke auf der einen Seite und blökte, und der Spitzbube war auf der andern Seite und meckerte wie eine Ziege. Der Hirte hörte sie, und er dachte, nun könne er sowohl den Widder als auch das Zicklein wiederbekommen. Er band den Stier an einen Baum und durchstöberte den ganzen Wald auf der Suche nach dem Widder und dem Zicklein, und er suchte nach ihnen, bis er müde wurde. Während er den Widder und das Zicklein suchte, ging der Spitzbube hin, nahm den Stier mit und brachte ihn heim zum Hause des schwarzen Schurken. Der schwarze Schurke kam nach ihm zurück; sie schlachteten den Stier und brachten ihn in ein Versteck, und das Weib des schwarzen Schurken tischte ihnen gute Fleischpasteten auf an diesem Abend. Als

der Hirte zu dem Baum zurückkam, wo er den Stier angebunden hatte, war der Stier nicht da. Er merkte gleich, daß der Stier gestohlen worden war. Er ging heim und erzählte seinem Herrn, wie alles geschehen war, und sein Herr schalt ihn, aber das half nun auch nichts mehr.

Am nächsten Tag befahl der Herr dem Hirten, hinauf in die Berge zu gehen und einen Widder heimzubringen und ihn nicht von seinem Rücken zu nehmen, bis er zu Hause angelangt wäre, was er auch immer zu sehen oder zu hören bekäme. Der Hirte ging hinauf in die Berge und holte den Widder, und diesmal brachte er ihn wirklich heim.

Der schwarze Schurke und sein Geselle fuhren fort zu stehlen, bis sie einen Haufen Geld zusammengebracht hatten. Dann beschlossen sie, eine Herde Vieh zu kaufen, damit auf den Markt zu gehen und es dort wieder loszuschlagen. So würden die Leute glauben, daß sie beim Viehhandel ihr Geld verdient hätten. Die beiden gingen also hin und kauften eine große Herde Vieh und trieben sie zu einem Markt, der eine große Strecke Weges entfernt lag. Sie verkauften die Herde, bekamen viel Geld dafür und machten sich auf den Heimweg. Als sie so dahingingen, sahen sie einen Galgen auf der Kuppe eines Hügels, und der Spitzbube sagte zum schwarzen Schurken: »Komm mit da hinauf, daß wir uns den Galgen mal anschauen; manche sagen ja, daß der Galgen immer das bittere Ende ist, das ein Dieb zu erwarten hat.«

Sie gingen hinauf zu dem Galgen und schauten sich ihn genau an. Sagte der Spitzbube: »Sollten wir nicht ausprobieren, wie es sich am Galgen stirbt, damit wir wissen, was uns bevorsteht, wenn wir je auf einem Raubzug geschnappt würden? Ich selbst will es zuerst versuchen.«

Der Spitzbube legte den Strick um seinen eigenen Hals und sagte zum schwarzen Schurken: »Hier, zieh mich hoch, und wenn ich es müde bin, da oben zu hängen, werde ich mit den Beinen schlenkern, und dann sollst du mich herunterlassen.«

Der schwarze Schurke zog den Strick an, bis der Spitzbube hoch über der Erde baumelte, und nach einem kurzen Augenblick wackelte er mit den Beinen, und der schwarze Schurke ließ ihn herunter.

Der Spitzbube nahm den Strick von seinem Hals und sagte zu dem schwarzen Schurken: »Ganz bestimmt hast du in deinem ganzen Leben nichts probiert, was so lustig ist wie Hängen. Wenn du es nur einmal versuchst, hättest du überhaupt keine Angst mehr davor. Ich habe nur aus Vergnügen mit den Beinen geschlenkert, und du würdest auch nur aus Vergnügen mit den Beinen schlenkern, wenn du oben hingst.«

Sagte der schwarze Schurke: »Ich will es auch probieren, damit ich weiß, wie es sich anfühlt.«

»Tue das«, sagte der Spitzbube, »und wenn du genug hast da oben, pfeife nur, und ich werde dich herunterlassen.«

Der schwarze Schurke legte den Strick um seinen Hals, und der Spitzbube zog ihn hoch, und als er merkte, daß der schwarze Schurke hoch genug hing, sagte er zu ihm: »So, wenn du jetzt herunter willst, pfeife nur, und wenn es dir gut gefällt, wo du bist, dann schlenkere mit den Beinen.«

Als der schwarze Schurke einen kurzen Augenblick dort hing, begann er mit den Beinen zu schlenkern und zu stoßen; und der Spitzbube sagte: »Oh! Wie lustig du bist! Wie lustig du bist! Wie lustig du bist! Wenn du meinst, du wärst lange genug oben geblieben, so pfeife nur!«

Aber der schwarze Schurke hat noch immer nicht gepfiffen. Der Spitzbube band den Strick an das untere Ende des einen Galgenpfostens, bis der schwarze Schurke tot war, dann ging er hin, nahm das Geld aus seinem Beutel und sagte zu ihm: »Nun, da du ja mit dem Geld nichts mehr anfangen kannst, will ich es für dich verwalten.« Und er ging davon und ließ den schwarzen Schurken hängen. Dann ging er heim zum Haus des schwarzen Schurken, und sein Weib fragte ihn, wo sein Meister wäre.

Der Spitzbube sagte: »Ich ließ ihn zurück an einem Ort, wo er über die Erde erhöht ist.«

Das Weib des schwarzen Schurken fragte und fragte ihn nach ihrem Mann, bis er ihr zuletzt alles erzählte, aber er sagte ihr, daß er selbst sie heiraten werde. Als sie das hörte, schrie sie, daß der Spitzbube seinen Herrn und Meister getötet hätte und daß er nichts sei als ein gemeiner Dieb. Als der Spitzbube das hörte, floh er davon. Es wurde Jagd auf ihn gemacht, aber es gelang ihm, sich in einer Höhle zu verstecken, und die Jagd ging an ihm vorbei. Er blieb die ganze Nacht in der Höhle, und am nächsten Tag machte er sich auf einem andern Weg aus dem Staube und fand eine Gelegenheit, nach Eirinn zu fliehen.

Er kam an das Haus eines Zimmermanns, und er rief an der Tür: »Laßt mich ein.«

»Wer bist du?« sagte der Zimmermann.

»Ich bin ein tüchtiger Zimmermann, wenn du einen gebrauchen kannst«, sagte der Spitzbube.

Der Zimmermann öffnete die Tür und ließ ihn ein, und er arbeitete nun bei dem Meister.

Als der Spitzbube einen Tag oder zwei im Hause war, ließ er seinen Blick hierhin und dorthin schweifen und sagte: »Ach du meine Güte! Was für ein armseliges Hauswesen habt Ihr! Und das Vorratshaus des Königs so nahe.«

»Was soll das heißen?« sagte der Zimmermann.

»Es soll heißen«, sagte der Spitzbube, »daß Ihr eine Menge guter Sachen aus des Königs Vorratshaus bekommen könntet, wenn Ihr nur geschickt genug wäret.«

Der Zimmermann und sein Weib sagten: »Sie würden uns ins Gefängnis werfen, wenn wir mit so etwas anfingen.«

Der Spitzbube redete ihnen nun alle Tage zu, sie sollten doch in des Königs Vorratshaus einbrechen, und sie würden eine Menge guter Sachen dort finden; aber der Zimmermann wollte nicht mit ihm gehen; doch der Spitzbube nahm einige von des Zimmermanns Werkzeugen mit, ging allein hin und brach in des Königs Vorratshaus ein; und er nahm eine Menge Butter und Käse mit und brachte alles zum Haus des Zimmermanns. Das gefiel dem Weib des Zimmermanns gar wohl, und sie trieb ihren Mann an, daß er in der nächsten Nacht auch gehen sollte, und sie brachen in das Vorratshaus ein und nahmen eine gewaltige Menge mit von all den Sachen, die ihnen am besten gefielen in des Königs Vorratshaus.

Aber die Leute des Königs merkten, daß Butter und Käse und die andern Sachen, die sie aus dem Vorratshaus geholt hatten, fehlten, und sie sagten dem König, was geschehen war.

Der König holte sich Rat bei dem Seanagal[1], wie man der Diebe am besten habhaft werden könne, und der Rat, den der Seanagal ihnen gab, war, sie sollten ein Oxhoftfaß mit zähem Pech unter das Loch stellen, wo die Diebe hereinkämen. Das geschah, und schon in der nächsten Nacht machten sich der Spitzbube und sein Meister wieder auf, um in das Vorratshaus einzubrechen.

Der Spitzbube schob seinen Meister zuerst hinein, und der Meister geriet in das zähe Pech bis zur Leibesmitte und konnte nicht wieder heraus. Der Spitzbube stieg nun auch hinein, setzte einen Fuß auf jede Schulter seines Meisters und brachte zwei Ladungen von der Butter und dem Käse des Königs hinaus vor das Loch; und als er das letztemal ausstieg, schnitt er seinem Meister den Kopf ab; er nahm den Kopf mit und ließ den Körper im Pechfaß; er ging heim mit der Butter und dem Käse, nahm auch den Kopf mit heim und begrub ihn im Garten.

Als die Leute des Königs in das Vorratshaus gingen, fanden sie einen Körper ohne Kopf in dem Pechfaß, aber sie konnten nicht herausbringen, wer es war. Sie versuchten jemanden ausfindig zu machen, der ihn an seinen Kleidern erkannt hät-

1 ein alter Weiser, Wahrsager und Ratgeber

te, aber seine Kleider waren ganz mit Pech bedeckt, so daß man ihn daran nicht erkennen konnte. Der König fragte wieder den Seanagal um Rat, und der Rat, den der Seanagal gab, war, sie sollten den Körper hoch auf die Lanzen der Soldaten spießen, damit er von Stadt zu Stadt getragen werde, und dabei achtgeben, ob sich jemand fände, der Trauer um ihn zeigte oder in einen Schmerzensschrei ausbräche, wenn die Soldaten mit dem Leichnam ohne Kopf vorbeigingen. So wurde der Rumpf aus dem Faß voll Pech herausgenommen und auf die Lanzen gesteckt; und die Soldaten trugen ihn hoch auf den Spitzen ihrer langen, hölzernen Lanzen daher. Sie gingen von Stadt zu Stadt damit, und wie sie am Haus des Zimmermanns vorbeigingen, tat das Weib des Zimmermanns einen jammervollen Schrei. Da brachte sich der Spitzbube schnell eine Wunde mit dem Beil bei und sagte einmal ums andere zu dem Weib des Zimmermanns: »Die Wunde ist nicht so schlimm, wie du meinst.«

Der Hauptmann und seine Soldaten kamen herein und fragten: »Warum jammert die Hausfrau?«

Sagte der Spitzbube: »Sie jammert, weil ich mich eben mit dem Beil in den Fuß gehauen habe, und sie kann kein Blut sehen«; und er fuhr fort, zu dem Weib des Zimmermanns zu sagen: »Sei doch nicht so ängstlich, es wird schneller heilen, als du denkst.«

Die Soldaten meinten, der Spitzbube wäre der Zimmermann, und das Weib, das sie vor sich hatten, wäre sein Weib. Sie gingen hinaus und zogen weiter von Stadt zu Stadt; aber sie fanden keinen Menschen außer dem Weib des Zimmermanns, der geweint oder aufgeschrien hätte, wie sie vorbeikamen.

Die Soldaten brachten den Leichnam heim zu des Königs Haus; und der König holte sich noch einmal Rat bei seinem Seanagal, und der sagte, man solle den Leichnam an einen Baum hängen auf einem freien Platz und Soldaten aufstellen, ihn zu bewachen, daß niemand ihn fortnähme, und die Soldaten sollten aufpassen, ob irgend jemand vorbeikäme, der Mitleid oder Trauer um ihn zeigte.

Der Spitzbube ging vorüber und sah ihn; dann ging er hin und besorgte sich ein Pferd, hängte dem Pferd ein Fäßchen Whisky auf jede Seite in einen Sack und ging damit an den Soldaten vorbei, als ob er etwas vor ihnen verborgen halten wollte. Die Soldaten meinten auch tatsächlich, es wäre so und er hätte ihnen etwas gestohlen oder hätte sonst etwas Verbotenes dabei; und einige von ihnen liefen hinter ihm her und ergriffen das alte Pferd mit dem Whisky; aber der Spitzbube floh und ließ ihnen das alte Pferd und den Whisky. Die Soldaten nahmen das Pferd und die Fäßchen mit zu der Stelle, wo der Leichnam an einer Stange hing. Sie schauten nach, was in den Fäßchen wäre; und als sie merkten, daß Whisky darin war, holten sie einen Becher herbei und fingen an zu trinken, bis sie zuletzt alle betrunken waren und am Boden lagen und schliefen. Als der Spitzbube sah, daß die Soldaten dalagen und ihren Rausch ausschliefen, kam er zurück und nahm den Leichnam von der Stange. Er setzte ihn rittlings auf des Pferdes Rücken und nahm ihn mit nach Hause; dann ging er hin und begrub den Leichnam im Garten, wo der Kopf war.

Als die Soldaten aus ihrem Schlaf erwachten, war der Leichnam gestohlen; es blieb ihnen nichts übrig, als hinzugehen und alles dem König zu erzählen. Da fragte der König wieder den Seanagal um Rat; und der Seanagal sagte zu ihnen, zu allen, die zugegen waren, daß sein Rat wäre, eine große, schwarze Sau zu nehmen und mit ihr von Stadt zu Stadt zu gehen, und wenn sie zu der Stelle kämen, wo der Leichnam vergraben wäre, so würde die Sau ihn ausgraben. Sie gingen hin und holten die schwarze Sau; sie zogen von Hof zu Hof mit ihr und versuchten herauszubringen, wo der Leichnam vergraben wäre. Sie gingen von Haus zu Haus mit ihr, bis sie schließlich zu dem Haus kamen, wo der Spitzbube und die Witwe des Zimmermanns wohnten. Dort ließen sie die Sau frei über das Gelände laufen. Der Spitzbube sagte, sie wären sicher hungrig und durstig, sie sollten nur ins Haus gehen, wo sie zu essen und zu trinken bekämen, sie sollten sich ausruhen und erfrischen, während die Sau den Platz absuche.

Die Soldaten gingen hinein, und der Spitzbube sagte der Frau des Zimmermanns, daß sie den Leuten Essen und Trinken vorsetzen solle. Die Witwe des Zimmermanns stellte Essen und Trinken auf den Tisch; und während sie nun aßen, ging der Spitzbube hinaus, um nach der Sau zu sehen; die Sau war eben im Garten auf den Leichnam gestoßen, und der Spitzbube ging hin, holte ein großes Messer und schnitt ihr den Kopf ab. Dann vergrub er sie samt ihrem Kopf neben dem Leichnam des Zimmermanns im Garten.

Als nun die Soldaten, die auf die Sau achtgeben sollten, herauskamen, war die Sau nirgends zu sehen. Sie fragten den Spitzbuben, ob er sie gesehen hätte; er sagte, er hätte sie gesehen, wie sie mit hochgerecktem Kopf und nach oben gerichtetem Blick nur immer zwei oder drei Schritte gemacht hätte; und sie gingen eiligst nach der Seite, wohin er gezeigt hatte.

Als der Spitzbube meinte, sie könnten ihn nicht mehr sehen, brachte er alles so wieder in Ordnung, daß sie auf keinen Fall den Platz, wo die Sau lag, finden konnten. Die Soldaten suchten sie in jeder Richtung, wo sie nur hätte sein können. Als sie sie nirgends finden konnten, blieb ihnen nichts übrig, als zum Haus des Königs zu gehen und zu berichten, was geschehen war.

Darauf wurde der Seanagal wieder um Rat gefragt, und der Rat, den der Seanagal gab, war, der König solle seine Soldaten überall im Land bei den Leuten in Quartier legen; und wo man ihnen Schweinefleisch vorsetzte, ohne daß die Leute nachweisen könnten, wo sie es her hätten, müsse man annehmen, daß diese Leute die Sau getötet hätten und all das Böse getan hätten, das getan worden war.

Der Rat des Seanagal wurde befolgt, und die Soldaten wurden ausgesandt und überall im Land bei den Leuten in Quartier gelegt; so kam auch ein Trupp von ihnen in das Haus der Witwe des Zimmermanns, wo der Spitzbube war. Die Witwe setzte den Soldaten ein Abendbrot vor und hatte von dem Fleisch der Sau für sie zubereitet; die Soldaten aßen das Schweinefleisch und lobten es über die Maßen. Der Spitzbube aber hatte alles durchschaut, ließ sich jedoch nichts merken. Den Soldaten wurde die Scheune als Schlafplatz zugewiesen; und als sie schliefen, ging der Spitzbube hinaus und tötete sie. Darauf ging er, so schnell er konnte, von Haus zu Haus, überallhin, wo die Soldaten im Quartier lagen, und verbreitete das Gerücht unter den Leuten, daß die Soldaten ausgesandt seien über das ganze Land, um sich bei Nacht zu erheben und alle Leute in den Betten zu erschlagen; er brachte es fertig, so zu reden, daß die Leute ihm glaubten und daß die Bewohner eines jeden Hauses alle Soldaten töteten, die in ihrer Scheune schliefen; und als die Soldaten nicht zurückkamen, gingen einige, um zu sehen, was mit ihnen geschehen sei. Und als sie hinkamen, fanden sie die Soldaten tot in den Scheunen, wo sie geschlafen hatten, und die Bewohner eines jeden Hauses beteuerten, daß sie nicht wüßten, wie die Soldaten zu Tode gebracht worden wären oder wer es getan hätte.

Die Leute, die nach den Soldaten geforscht hatten, gingen zum Haus des Königs und berichteten, was geschehen war. Da schickte der König nach dem Seanagal, der Seanagal kam, und der König erzählte, was geschehen war, und fragte ihn um Rat. Dies nun war der Rat, den der Seanagal gab: Der König solle ein Fest und einen Ball veranstalten und die Einwohner des ganzen Landes dazu einladen; und wenn der Mann, der all das Böse getan hatte, dabei wäre, würde er wohl von allen der Verwegenste sein und die Königstochter selbst zum Tanz auffordern. Die Leute wurden also zum Fest und zum Ball geladen, und mit allen übrigen kam auch der Spitzbube. Als das

Fest vorbei war, begann der Tanz; und der Spitzbube ging hin und forderte die Königstochter zum Tanz auf; und der Seanagal hatte ein Fläschchen voll schwarzer Farbe und machte mit der Farbe, die in dem Fläschchen war, einen Flecken auf den Spitzbuben. Die Königstochter aber meinte, ihr Haar sei in Unordnung geraten, und ging in ein Nebenzimmer, um es zu richten; der Spitzbube ging mit ihr hinein; und als sie in den Spiegel schaute, schaute er auch hinein, und da sah er den schwarzen Flecken, den der Seanagal gemacht hatte. Als sie getanzt hatten, bis das Stück zu Ende war, ging der Spitzbube hin und fand eine Gelegenheit, dem Seanagal das Fläschchen unbemerkt zu stehlen. Dann machte er zwei schwarze Flecken auf den Arm des Seanagals und einen Flecken auf zwanzig weitere Männer und tat das schwarze Fläschchen dorthin zurück, wo er es gefunden hatte.

Ehe nun viel Zeit verflossen war, kam der Spitzbube wieder und forderte die Königstochter zum Tanz auf. Die Königstochter hatte auch ein Fläschchen und machte einen schwarzen Fleck auf das Gesicht des Mannes; doch der Spitzbube brachte es fertig, ihr das Fläschchen aus der Tasche zu stibitzen, ohne daß sie es merkte; und da er zwei schwarze Flecken auf sich hatte, machte er zwei Flecken auf zwanzig weitere Männer in der Gesellschaft und vier schwarze Flecken auf den Seanagal. Als nun der Tanz vorbei war, wurden einige ausgeschickt, um nachzusehen, wer der Mann mit den beiden schwarzen Flecken wäre. Als die sich nun unter den Leuten umsahen, fanden sie zwanzig und mehr, die zwei schwarze Flecken hatten, und der Seanagal hatte sogar deren vier; der Spitzbube aber brachte es fertig, sich schnell wieder an die Königstochter heranzumachen und das Fläschchen in ihre Tasche zurückzustecken. Der Seanagal schaute nach, und er hatte sein schwarzes Fläschchen. Die Königstochter schaute nach, und sie hatte ihr Fläschchen auch. Der Seanagal und der König hielten Rat, und der Beschluß, den sie endlich faßten, war, der König solle vor die Versammelten treten und sagen, daß der Mann, der alle diese Kniffe angewandt habe, über alle Maßen klug sein müsse; wenn er vorträte und sich freiwillig zu seinen Taten bekenne, so solle er die Königstochter zur Frau haben und die eine Hälfte des Königreiches, solange der König lebe, und das ganze Königreich nach des Königs Tod. Und jeder von denen, die die zwei schwarzen Flecken im Gesicht hatten, kam und behauptete, er sei es gewesen, der so viel Kluges getan hätte. Da überlegten der König und seine Ratgeber aufs neue, wie diese Sache gelöst werden könne; und was sie herausbrachten, war, daß alle die Männer, die die zwei schwarzen Flecken im Gesicht hätten, zusammen in einem Zimmer sein sollten und daß man ein Kind holen solle, und die Königstochter müsse dem Kind einen Apfel geben, und das Kind müsse hineingebracht werden zu den Männern mit den schwarzen Flecken; und derjenige, dem das Kind den Apfel gäbe, der sei es, dem die Königstochter rechtens gehöre.

So wurde es gemacht, und als das Kind in das Zimmer zu den Männern kam, hatte der Spitzbube eine Rassel und eine Maultrommel, und das Kind ging hin und gab ihm den Apfel. Da nahm man dem Spitzbuben die Rassel und die Maultrommel weg und setzte ihn auf einen anderen Platz und gab dem Kind noch einmal den Apfel; es wurde aus dem Zimmer geführt und wieder hineingeschickt, daß man sähe, wem es jetzt den Apfel gäbe; und da der Spitzbube zuvor die Rassel und die Maultrommel gehabt hatte, ging das Kind wieder zu ihm und gab ihm den Apfel. Da bekam der Spitzbube die Königstochter zur Frau.

Und bald danach gingen die Königstochter und ihr Gemahl spazieren, und sie gingen nach Baile Cliath; und als sie über die Brücke von Baile Cliath gingen, fragte der Spitzbube die Königstochter nach dem Namen des Ortes; und die Königstochter sagte ihm, daß dies die Brücke von Baile Cliath in Eirinn sei. Da sprach der Spitzbube:

»Viele Male hat meine Mutter zu mir gesagt, daß mein Ende sein würde, an der Brücke von Baile Cliath in Eirinn gehängt zu werden; und sie prophezeite mir das immer und immer wieder, wenn ich ihr einen Streich gespielt hatte.«

Und die Königstochter sagte: »Nun, wenn du gerne einmal über dem Mäuerchen am Rand der Brücke hängen möchtest, so will ich dich ein Weilchen da oben festhalten mit meinem Schnupftuch.«

Und sie redeten und scherzten eine Zeitlang darüber; doch zuletzt meinte der Spitzbube, er wolle es zum Spaß tun; da nahm die Königstochter ihr Schnupftuch heraus, und er stieg über das Mäuerchen und hing frei am Taschentuch der Königstochter, wie sie es über das Mäuerchen hielt, und sie lachten miteinander.

Doch die Königstochter hörte ein Geschrei: »Das Königsschloß brennt!« und sie erschrak heftig und ließ das Taschentuch fahren. Da stürzte der Spitzbube hinab, und sein Kopf schlug auf einen Stein, und sein Hirn spritzte heraus; und dabei hatten sich nur Kinder einen Spaß gemacht mit dem Geschrei; aber die Königstochter mußte als Witwe heimgehen.

Der Schotte, der den Bischof stahl

Es war einmal ein schottischer Bauer, der hatte drei Söhne. Als der jüngste von ihnen in das Alter kam, wo er einen Beruf ergreifen sollte, legte der Bauer dreihundert Taler für jeden von ihnen beiseite. Der jüngste Sohn bat, daß man ihm seinen Teil aushändigen möge, denn er wolle fortziehen, sein Glück zu suchen. Er ging in die große Stadt London. Er blieb eine Zeitlang dort und erlernte, wie man ein guter Butler wird. Schließlich machte er sich auf die Suche nach einem Herrn. Er hörte, daß der Bürgermeister von London einen Diener brauche, und bewarb sich bei ihm. Sie kamen überein, und er trat in seine Dienste. Der Bürgermeister von London hatte die Gewohnheit, jeden Tag in der Woche an einer bestimmten Stelle mit dem Erzbischof von London zusammenzutreffen. Der Diener begleitete seinen Herrn stets dabei, denn er ging überall mit ihm hin. Als sie einmal nach der Zusammenkunft auf dem Heimweg waren, sagte der Diener zu seinem Herrn:

»Der Bischof hat ein sehr gutes Pferd, mit Verlaub, Herr.«

»Da hast du recht«, sagte der Herr, »er hat das beste Pferd in London.«

»Was wird er wohl«, sagte der Diener, »für das Pferd verlangen, wenn er es verkauft?«

»O du Narr«, sagte sein Herr, »ich hatte bisher gedacht, du wärest ein kluger Bursche; manch einer hat versucht, dieses Pferd zu kaufen, und bis jetzt ist es noch keinem gelungen.«

»Ich will umkehren und versuchen, ob es mir gelingt«, sagte der Bursche.

Sein Herr kehrte mit ihm um, um zu sehen, was geschähe. Das war am Donnerstag. Der junge Mann fragte den Bischof, ob er das Pferd verkaufen wolle. Der Bischof geriet in Verwunderung und Zorn und sagte, das Pferd verkaufe er nie.

»Aber es gibt doch wohl kein Tier«, sagte der junge Mann, »das man nicht kaufen könnte?«

»Hirnloser Bursche«, sagte der Bischof, »wie töricht du bist! Geh nur heim, du sollst mein Pferd nicht haben.«

»Um was wollen wir wetten«, sagte der junge Mann, »daß ich das Pferd doch haben werde, morgen um diese Zeit!«

»Meinst du mein Pferd?« sagte der Bischof.

»Ja, Euer Pferd«, sagte der junge Mann. »Um was wollen wir wetten, daß ich es stehle?«

»Ich will fünfhundert Merks wetten«, sagte der Bischof, »daß du es nicht stiehlst.«

»Gut«, sagte der junge Mann, »ich habe zwar nur ein einziges Pfund, doch das will ich dagegen setzen und dazu meinen Kopf.«

»Einverstanden«, sagte der Bischof.

»Merket wohl«, sagte der junge Mann, »daß ich meinen Kopf und das Pfund eingesetzt habe, und wenn ich das Pferd stehle, gehört es mir!«

»Ganz gewiß, so ist es«, sagte der Bürgermeister.

»Auch damit bin ich einverstanden«, sagte der Bischof. Darauf kehrten sie nach Hause zurück.

»Armer Kerl«, sagte der Bürgermeister zu seinem Diener auf dem Heimweg, »ich bin sehr zufrieden mit dir, seit ich dich in Dienst nahm. Ich möchte dich jetzt nicht gerne verlieren. Du bist recht töricht. Der Bischof wird dafür sorgen, daß weder du noch irgendein anderer Mensch das Pferd wird stehlen können. Er wird Wachen aufstellen.«

Als die Nacht kam, brach der junge Mann auf und machte sich an die Arbeit; er ging zu des Bischofs Haus. Was fand er da heraus, nichts anderes, als daß sie das Pferd in eine Stube gebracht hatten und Männer dazu, die eifrig aßen und tranken. Er schaute sich um und sah bald, daß er noch einen klugen Burschen zu seiner Hilfe brauchte. Wie er sich so umschaute, stieß er auf einen Eckensteher, wie man sie in der

Stadt findet. »Wenn du für eine kleine Weile mit mir gehst, will ich dir etwas Ordentliches geben für deine Mühe.«

»Ich komme mit«, sagte der andere.

Sie machten sich auf den Weg und gelangten nach kurzer Zeit zum Henker der Stadt.

»Könnt Ihr mir sagen«, sagte er zu dem Henker, »wo ich einen toten Mann herbekommen kann?«

»Ja«, sagte der Henker, »es ist gerade heute ein Mann gehängt worden, gleich nach Mittag.«

»Wenn Ihr hingeht und ihn für mich holt«, sagte der junge Mann, »werde ich Euch etwas Ordentliches für Eure Mühe geben.«

Der Henker war einverstanden und ging mit ihm dorthin, wo der Leichnam war.

»Wißt Ihr nun auch noch«, fragte der junge Mann, »wo ich einen starken, langen Strick herbekommen kann?«

»Ja«, antwortete der Henker, »der gute Strick, an dem der Mann aufgehängt wurde, ist hier; Ihr könnt ihn haben.«

Sie machten sich auf mit dem Leichnam, beide, er und sein Helfer, und kamen zu des Bischofs Haus. Als sie angelangt waren, sagte er zu ihm:

»Bleibe du hier und paß auf dies alles auf, bis ich auf das Dach geklettert bin.«

Er legte nun sein Ohr an den Kamin, um zu entdecken, wo die Männer waren, da sie nach so vielem Trinken sehr laut sprachen. Er brachte heraus, wo sie waren.

»Lege das Ende des Strickes«, sagte er zu seinem Helfer, »dem toten Mann um den Nacken und wirf mir das andere Ende zu.«

Er zog den toten Mann zum Rande des Kamins hoch. Die Männer in der Stube horchten auf, als der Mörtel im Kamin herunterzufallen begann. Er ließ den Leichnam ganz allmählich hinab, bis er schließlich das helle Licht der Wachmänner auf die Füße des toten Mannes fallen sah.

»Seht nur«, sagten sie, »was ist das? Oh, der schottische Dieb, der Spitzbube! Er wollte lieber auf diese Weise sterben, als seinen Kopf verlieren. Er hat sich selbst umgebracht.«

Der junge Mann kletterte in Eile vom Kamin herunter. Er lief ins Haus mitten unter die Männer, und als das Pferd aus der Tür geführt wurde, war seine Hand die erste, den Zügel zu fassen. Er ging mit dem Pferd zum Stall und sagte zu den Männern, sie sollten ruhig schlafen gehen, denn jetzt sei keine Gefahr mehr.

»Nun weiß ich auch«, sagte er zu dem andern Mann, »daß du ein feiner Kerl bist; sei nur morgen abend wieder hier, und ich werde dich wieder mitnehmen.«

Er bezahlte ihn auch gleich, und der Mann war hocherfreut. Er selbst kehrte zum Stall seines Herrn zurück mit dem braunen Pferd des Bischofs. Er legte sich zur Ruhe, und ob auch das Tageslicht früh heraufkam, früher noch kam sein Herr an die Tür.

»Ich ließe mich keiner Mühe verdrießen«, sagte er, »wenn ich nur meinen armen Schotten jetzt hier vor mir hätte.«

»Hier bin ich, guter Herr«, sagte er, »und des Bischofs braunes Pferd ist auch da.«

»Gut gemacht, mein Junge«, sagte sein Herr, »du bist ein tüchtiger Bursche. Ich hatte schon vorher eine hohe Meinung von dir; aber jetzt schätze ich dich noch höher ein.«

Sie machten sich auch an diesem Tag fertig, um den Bischof zu besuchen. Das war am Freitag.

»Nun«, sagte der Diener, »gestern bin ich ohne Pferd von zu Hause weg, aber heute soll es anders gehen.«

»Gut, mein Junge«, sagte sein Herr, »da du das Pferd gewonnen hast, will ich dir einen Sattel geben.«

Dann machten sie sich wieder auf zum Bischof, sein Herr und er, beide hoch zu Roß. Sie sahen den Bischof ihnen entgegenkommen, offenbar ganz außer sich vor Zorn. Als er nahe heran war, sahen sie auch, daß der Bischof ein anderes

Pferd ritt, keineswegs so gut wie das erste. Der Bischof und der Bürgermeister begrüßten einander. Der Bischof wandte sich zu des Bürgermeisters Diener:

»Du Schurke«, sagte er, »du ganz gerissener Dieb!«

»Ihr dürft mir nicht noch schlimmere Namen geben«, sagte der Diener. »Ich glaube nicht einmal, daß Ihr mir diese zu Recht beilegt; denn vergeßt nicht, ich sagte Euch ja im voraus, was ich tun würde. Daher ohne weitere Reden: Gebt mir meine fünfhundert Merks.«

Das mußte er tun, wenn auch nicht gerne.

»Was würdet Ihr nun dazu sagen«, meinte der Bursche, »wenn ich heute nacht käme, Eure Tochter zu stehlen?«

»Meine Tochter, du nichtswürdiger Schurke«, sagte der Bischof, »du wirst meine Tochter nicht stehlen!«

»Ich wette fünfhundert Merks und das braune Pferd«, sagte der Bursche, »daß ich sie doch stehlen werde.«

»Ich wette fünfhundert Merks dagegen«, sagte der Bischof.

Die Wette wurde abgeschlossen. Der Bursche und sein Herr ritten heim. »Mein Junge«, sagte der Herr, »ich habe eine gute Meinung von dir gehabt, aber jetzt hast du etwas sehr Törichtes getan, gerade in dem Augenblick, wo du dein Glück gemacht hattest.«

»Keine Sorge, guter Herr«, sagte er. »Ich will auf alle Fälle einen Versuch wagen.«

Als die Nacht kam, machte sich der Diener des Bürgermeisters auf zum Hause des Bischofs. Als er dort anlangte, sah er einen vornehmen Herrn aus der Tür kommen.

»Oh«, sagte er zu dem Herrn, »was ist denn heute nacht in dem Haus des Bischofs los?«

»Eine große und wichtige Angelegenheit«, sagte der Edelmann, »da hat ein Schurke von einem Schotten gedroht, er werde des Bischofs Tochter stehlen, aber ich kann Euch versichern, weder er noch irgendein anderer wird sie stehlen; sie ist gut bewacht.«

»Oh, das glaube ich gerne«, sagte der Bursche und wandte sich ab. »Trotzdem gibt es einen Mann in England«, sagte er zu sich selbst, »der es versuchen muß.«

Er machte sich auf zu den Schneidern des Königs und fragte sie, ob sie nicht Damenkleider fertig hätten.

»Nein«, sagte der Schneider, »aber ich habe ein Kleid da für die Tochter des Königs selbst und auch für ihre Hofdame.«

»Was willst du dafür haben«, sagte der Diener des Bürgermeisters, »wenn du mir die beiden Kleider auf ein paar Stunden überläßt?«

»Oh«, sagte der Schneider, »ich traue mich nicht, sie dir zu geben.«

»Du brauchst nicht die geringste Angst zu haben«, sagte der Bursche, »ich werde dich gut dafür bezahlen, und ich werde die beiden Kleider ohne irgendeinen Schaden oder Verlust zurückbringen. Du bekommst hundert Merks«, sagte er.

Den Schneider gelüstete es sehr, eine so große Summe einzustecken, und so gab er ihm die Kleider. Der Bursche ging zurück und suchte seinen Helfer von der vorigen Nacht auf. Sie gingen zu einer abgelegenen Stelle und zogen die Kleider, die er von dem Schneider bekommen hatte, an. Als sie sich so schön hergerichtet hatten, wie sie nur konnten, gingen sie zu des Bischofs Tür. Aber bevor sie dort anlangten, hatte der Bursche noch etwas herausgebracht; wenn nämlich jemand von der königlichen Familie zu des Bischofs Haus kam, klopfte er nicht, sondern stieß mit der Fußspitze ein paarmal gegen den unteren Türrand. Er kam an die Tür und tat es. Ein Türhüter war an der Tür in dieser Nacht, und er lief gleich hin und berichtete es dem Bischof.

»Da ist jemand von der königlichen Familie an der Tür«, sagte er.

»Nein«, sagte der Bischof, »das ist keiner von der königlichen Familie. Das ist der Dieb von einem Schotten, der das tut.«

Der Türhüter guckte durch das Schlüsselloch und sah zwei Damen davor stehen. Er ging und erzählte es seinem Herrn. Sein Herr ging an die Tür, um selber nachzusehen. Der, welcher davor stand, gab der Tür einen Stoß nach dem andern und schimpfte gleichzeitig auf den Bischof wegen seiner Narrheit. Der Bischof schaute und erkannte die Stimme der Königstochter an der Tür. Schnell wird die Tür geöffnet, und der Bischof verneigt sich tief vor der Dame. Die Tochter des Königs fängt gleich an, den Bischof auszuschelten, daß er eine Wette eingegangen sei, bei der es um seine eigene Tochter ginge, und sagt ihm, daß er sich schämen solle für das, was er getan habe.

»Es war sehr unrecht von Euch«, sagte sie, »daß Ihr alles dies ohne mein Wissen getan habt, denn dann hättet Ihr nicht nötig gehabt, solch einen Aufruhr zu machen und Euch so närrisch zu benehmen.«

»Ihr werdet mir verzeihen«, sagte der Bischof.

»Ich kann Euch nicht verzeihen«, sagte sie.

Geradewegs in das Zimmer, wo seine Tochter war mit denen, die sie bewachten, führte der Bischof nun die Tochter des Königs.

Die Tochter des Bischofs saß in der Mitte des Raumes auf einem Stuhl, und die andern saßen alle um sie herum.

Sagte die Tochter des Königs zu ihr: »Meine Liebe, dein Vater ist ein sehr törichter Mann, dich in solche Gefahr zu bringen; denn wenn er mich benachrichtigt und dich in meine Obhut gegeben hätte, so wäre jeder Mann, der gewagt hätte, sich dir zu nähern, ganz gewiß nicht nur gehängt, sondern lebendig verbrannt worden. Geht zu Bett«, sagte sie zu dem Bischof, »und entlaßt diese große Schar, damit die Leute nicht über Euch lachen.«

Der Bischof sagte den Versammelten, daß sie jetzt zur Ruhe gehen könnten und daß die Tochter des Königs und ihre Hofdame nunmehr seine Tochter in ihren Schutz nähmen. Als die

Königstochter sie alle hinausgeleitet hatte, sagte sie zu der Tochter des Bischofs:

»Komm mit mir, meine Liebe, zum königlichen Palast.« Der verkleidete Bursche führte sie hinaus, und draußen hatte er das braune Pferd schon bereit, und sobald der Schotte sie dahin gebracht hatte, wo das Pferd stand, warf er das Kleid, das er trug, an einem dunklen Ort ab. Er zog ein anderes Gewand über sein eigenes und bestieg das Pferd. Dann sandte er seinen Gehilfen mit den Kleidern zu dem Schneider, bezahlte den Mann und sagte ihm, er solle in der nächsten Nacht wieder zur Stelle sein. Der Bursche sprang auf das braune Pferd beim Haus des Bischofs und ritt davon zum Haus seines Herrn. So früh auch der Tag kam, früher noch kam sein Herr zum Stall. Der Bursche hatte die Tochter des Bischofs in seinem Bett. Er wachte auf, als er seinen Herrn hörte.

»Ich ließe mich keiner Mühe verdrießen«, sagte der, »wenn mein armer Schotte jetzt hier lebendig vor mir stünde.«

»Hier bin ich«, sagte der Bursche, »und des Bischofs Tochter ist auch hier.«

»Oh«, sagte sein Herr, »ich habe immer schon eine hohe Meinung von dir gehabt, aber jetzt halte ich noch mehr von dir als zuvor.«

Das war am Samstag. Er und sein Herr sollten auch an diesem Tag den Bischof treffen. Der Bischof und der Bürgermeister kamen also zusammen wie gewöhnlich. Und wenn der Bischof schon am Tage vorher zornig dreinsah, so sah er jetzt noch viel zorniger drein. Des Bürgermeisters Diener ritt auf seinem eigenen Pferd und Sattel hinter seinem Herrn her. Als er herankam, brachte der Bischof kein anderes Wort heraus als nur »Dieb« und »Schurke«.

»Ihr solltet Euren Mund halten«, sagte er, »Ihr habt kein Recht, so zu sprechen. Reicht mir nur meine fünfhundert Merks.« Der Bischof bezahlte das Geld und schimpfte weiter auf den Burschen.

»Oh«, sagte der, »gebt Euer Schimpfen nur auf; ich setze die ganzen zehnmal hundert Merks ein, daß ich heute nacht Euch selber stehle.«

»Daß du mich stiehlst, du nichtsnutziger Kerl!« sagte der Bischof. »Das wirst du nicht fertigbringen.«

Der Bursche setzte die zehnmal hundert Merks ein.

»Ich werde diese zehnmal hundert Merks zurückgewinnen«, sagte der Bischof, »und ich setze fünfzehnhundert Merks dagegen, daß du mich nicht stiehlst.«

Der Bürgermeister erklärte die Wette für abgeschlossen, und der Bursche und sein Herr gingen heim.

»Mein Junge«, sagte der Herr, »ich habe immer viel von dir gehalten, bis heute; aber nun wirst du das Geld verlieren, das du gewonnen hast, denn du kannst den Mann selber nicht stehlen.«

»Das laßt nur meine Sorge sein«, sagte der Diener.

Als die Nacht anbrach, machte er sich auf und kam zum Haus des Bischofs. Dann dachte er, er wolle die Fischer der Stadt aufsuchen, um zu sehen, was er bei ihnen Nützliches fände. Als er zu den Fischern kam, fragte er sie, ob sie frischgefangenen Lachs hätten. Sie sagten, sie hätten welchen. Da sagte der Bursche:

»Wenn ihr soundso vielen Lachsen für mich die Haut abzieht, werde ich euch eine ziemliche Summe Geld dafür geben, jedenfalls soviel, wie es recht und richtig ist.«

Die Fischer waren einverstanden und machten alles, wie er es wollte. Sie gaben ihm so viele Fischhäute, wie nach seiner Meinung nötig waren zu einem Mantel von der Länge und Breite, die er haben wollte. Darauf ging er zu den Schneidern. Er fragte die Schneider, ob sie ihm ein Gewand aus den Fischhäuten machen wollten bis zwölf Uhr Mitternacht, und versicherte, daß sie gut bezahlt würden. Sie sagten dem Burschen, was sie dafür verlangten, nahmen Maß bei dem jungen Mann und begannen ihre Arbeit. Der Mantel war um zwölf Uhr fertig. Sie hätten auch nicht länger arbeiten können, da ja eben der Sonntag anbrach. Der junge Mann ging fort mit dem Gewand, und als er nicht mehr weit von der Kirche des Bischofs weg war, zog er es an. Er hatte sich einen Schlüssel für die Kirche besorgt und ging hinein, geradewegs zur Kanzel. Der Türhüter, der vorbeikam und einen Blick in die Kirche warf, während der Bischof sich von zahlreichen Männern bewachen ließ, ging hin und sagte, es sei ein Licht in der Kirche.

»Ein Licht«, sagte sein Herr, »geh und sieh nach, was für ein Licht das ist.« Es war nämlich schon nach zwölf Uhr.

»Oh«, sagte der Türhüter, als er zurückkam, »ein Mann ist in der Kirche und predigt.«

Der Bischof zog seine Uhr heraus, und er sah, daß der Sonntag schon begonnen hatte. Er lief so schnell er konnte zur Kirche. Als er die Helligkeit in der Kirche sah und alle die Bewegungen des Mannes, der da predigte, wurde er von Furcht ergriffen. Er öffnete die Tür ein wenig und steckte seinen Kopf hinein, um zu sehen, was für ein Prediger das wohl sei. Da war keine Sprache unter dem Himmel, die der Mann auf der Kanzel nicht über kurz oder lang gebraucht hätte. Als er zu den Sprachen kam, die der Bischof verstand, fing er an, von dem Bischof als einem Mann zu reden, der offenbar den Verstand verloren hätte. Da lief der Bischof hinein und fiel vor der Kanzel auf die Knie. Hier fing er an zu beten, und als er den hellen Schein sah über der Kanzel, nahm er sich alles, was er hörte, sehr zu Herzen. Zuletzt sagte der Mann auf der Kanzel zu ihm, wenn er verspräche, aufrichtig zu bereuen, und wenn er mit ihm ginge, wohin er ihn führte, so könne ihm Vergebung gewährt werden. Der Bischof versprach, daß er alles tun wolle.

»Komm mit mir, daß ich eine kleine Weile mit dir rede«, sagte der Mann auf der Kanzel.

»Ich will mit dir gehen«, sagte der Bischof, »auch wenn du von mir verlangtest, aus dieser Welt zu gehen.«

Er ging also mit, und der junge Mann schritt vor ihm her. Sie kamen zum Stall des Bürgermeisters. Er holte einen Stuhl für den Bischof, und er ließ ihn sich niedersetzen. Dann setzte auch er sich. Sie brauchten kein Licht, denn des Dieners Kleider gaben einen hellen Schein, da, wo sie saßen. Er legte nun dem Bischof die Bibel aus in einigen Sprachen, die er verstehen konnte, und in anderen, die er nicht verstehen konnte. So fuhr er fort zu reden, bis die Stunde herankam, zu der sein Herr am Morgen zu kommen pflegte. Als es soweit war, warf er sein Gewand ab, bückte sich und versteckte es, denn es war schon fast hell. Der Bischof war jetzt still, und der Bürgermeister kam endlich.

»Ich ließe mich keiner Mühe verdrießen«, sagte er, »wenn ich meinen armen Schotten jetzt hier vor mir hätte.«

»Hier bin ich«, sagte der Bursche, »und den Bischof habe ich bei mir.«

»Beim Himmel«, sagt sein Herr, »das hast du gut gemacht.«

»Oh, du abgefeimter Schurke«, sagte der Bischof, »hast du mich auf die Weise überlistet?«

»Ich möchte Euch einen Rat geben«, sagte der Bürgermeister, »es wäre besser für Euch, wenn Ihr höflich zu ihm wäret. Beschimpft ihn nicht. Er hat Eure Tochter, Euer Pferd und Euer Geld gewonnen, und was Euch selbst angeht, so wißt Ihr, daß *er* keine Sorge für Euch tragen kann, so tragt Ihr besser Sorge für ihn. Nehmt ihn und Eure Tochter mit Euch und bereitet ihnen eine anständige Hochzeit.«

Der junge Mann gab den Dienst auf und ging heim mit dem Bischof. Er und des Bischofs Tochter wurden nach Recht und Gesetz vermählt, und der Vater versöhnte sich mit dem Burschen.

Und hier ist meine Geschichte zu Ende.

Das feinste Seemannsgarn

Im alten Jamaica Inn zu Glasgow, direkt unter dem Konterfei von Bonnie Prince Charly, saß einst eine lustige Gesellschaft aus lauter Westindienfahrern beisammen. Der Whisky floß in Strömen, und die Seeleute konnten sich nicht genugtun, die unglaublichsten Schnurren und Abenteuer aus aller Herren Länder zu erzählen, bis ein alter, sonst schweigsamer Kap-Hoorn-Sailor sich erhob, ganz gegen seine Gewohnheit die Pfeife aus dem Munde nahm, das Wort ergriff und einen Wettstreit vorschlug: »Eine Flasche vom ältesten und süffigsten Malt für den, der uns die verrückteste Lügengeschichte erzählt!« Und er hob eine uralte mit hundertjährigen Spinnweben bedeckte Bouteille empor, die wohl jenen Göttertrank enthalten mochte, den wir Schotten mehr als Nektar und Ambrosia zu schätzen wissen. Alle stimmten begeistert zu: »Den feinsten schottischen Whisky für das feinste schottische Seemannsgarn!« Und es wurde erzählt, geflunkert, schwadroniert, daß selbst Bonnie Prince Charly auf seinem rußgeschwärzten Konterfei staunend die buschigen Brauen hob.

Ein Streit brach aus, welche der bereits erzählten Geschichten nun die beste und lügenhafteste sei. Darüber eben konnte sich die Tischgesellschaft nicht einig werden. Dem einen gefiel diese, dem anderen jene Geschichte. Da aber nahm Ronald MacLean aus Ballymore das Wort und fing an zu erzählen: »Bin mal als Matrose auf einem Fünfmaster gefahren«, sprach er, »und wir kamen gerade von – sagen wir mal – Ägyptenland herüber mit einer Ladung feinster Sheffielder Nähnadeln. Der ganze Schiffsbauch war voll mit diesen Nähnadeln, das Zeug piekte und stach. Und als wir in Glasgow festgemacht hatten«, fuhr er fort, »da liefen alle Schauerleute aus dem ganzen Hafen zusammen und fingen an, die Nadeln mit Schaufeln auf den Pier hinauszuwerfen. Und der Himmel war dunkel vor lauter Nähnadeln. Und da stand auf dem Pier ein alter lahmer Schneider, ganz allein, und er fädelte einen Faden Seemannsgarn in jede Nadel, die an ihm vorbeiflog.«

So sprach Ronald MacLean aus Ballymore, und – keine Frage – er war es, der den edlen Malt als Siegespreis gewann.

Wenn ihr aber eine noch bessere Lügengeschichte wißt, so erzählt sie mir, und wenn eure Geschichte mir wirklich gut gefällt, dann will ich euch zuliebe das ganze Hochland durchwandern, dort, wo lieblich die Torffeuer glühen, so weit das Auge reicht. Ich wandere dann von einer Whiskybrennerei zur anderen, um nach einer noch süffigeren Flasche Malt Ausschau zu halten – ja, das alles nehme ich gerne auf mich! Und wenn ich sie gefunden habe, bei Saint Andrew, soll sie euch gehören.

Quellenhinweis

Das Lied der Elfen (mündlich Peggy MacLean Rassey), Das feinste Seemannsgarn (frei nach mündlicher Erzählung von M. MacLean), in: Mss. School of Scottish Studies, Edinburgh

Habetrot, die am Spinnrad saß (W. Henderson, Notes on the Folk Lore of the Northern Counties ..., London 1879, nach Wilkie of Bowden, 1810)

Das Fest der Elfen von Nithsdale (R. H. Cromek, Remains of Nithsdale and Galloway Songs, London 1810)

Die Elfenburg von Dhun Garsain (mündlich D. MacCuithean), Sankt Brendans Zaubernebel (mündlich M. MacLean), in: A. Carmichael, Carmina Gadelica, Edinburgh 1900

Tom der Reimer und die Elfenkönigin (Sir Walter Scott, Letters on Demonology and Witchcraft, London 1830)

Der Sohn des Grünen Ritters (mündlich A. Cameron), Fionn Mac Cuail und der Krumme (mündlich A. McTavish), in: Folk and Hero Tales, Argyllshire Series, Nr. 11, 1891

Der Tag des Schwarzen Hundes (mündlich A. Cameron), Fionn Mac Cuail im Reich der Riesen, in: The Scottish Celtic Review, Nr. 3, Glasgow 1885

Osean der letzte der Fenier, Der Fischer und die Meerjungfrau (mündlich J. Mackenzie), Märchen von den drei Königstöchtern (mündlich N. Gillies), Das Lichtschwert der Riesenfrauen (mündlich A. Campbell), Farquhar der Heiler, Aller Gauner Großmeister (mündlich J. Dewar), Der Schotte der den Bischof stahl (mündlich D. MacLean), in: J. F. Campbell, Popular Tales of the West Highlands, Edinburgh 1860–62

Goldbaum und Silberbaum (A Celtic Magazine 13, Inverness 1888)

Assipattle und Meister Lindwurm (Scottish Fairy Tales, hg. Sir George Douglas Bart, London 1892)

Die Frau aus Wastness (N. W. Thomas, County Folklore III: Orkney and Shetland Islands, London 1903)

Danksagung

Wir danken Christian Clemen, Bettine Clemen-Longley und Harald Clemen für die freundliche Unterstützung beim Zustandekommen dieses Buches.

Verlag Artemis & Winkler